Léopold Guyot

Connaître Christ

Léopold Guyot

Connaître Christ

L'excellence de la connaissance

Éditions Croix du Salut

Impressum / Mentions légales
Bibliografische Information der Deutschen Nationalbibliothek: Die Deutsche Nationalbibliothek verzeichnet diese Publikation in der Deutschen Nationalbibliografie; detaillierte bibliografische Daten sind im Internet über http://dnb.d-nb.de abrufbar.
Alle in diesem Buch genannten Marken und Produktnamen unterliegen warenzeichen-, marken- oder patentrechtlichem Schutz bzw. sind Warenzeichen oder eingetragene Warenzeichen der jeweiligen Inhaber. Die Wiedergabe von Marken, Produktnamen, Gebrauchsnamen, Handelsnamen, Warenbezeichnungen u.s.w. in diesem Werk berechtigt auch ohne besondere Kennzeichnung nicht zu der Annahme, dass solche Namen im Sinne der Warenzeichen- und Markenschutzgesetzgebung als frei zu betrachten wären und daher von jedermann benutzt werden dürften.

Information bibliographique publiée par la Deutsche Nationalbibliothek: La Deutsche Nationalbibliothek inscrit cette publication à la Deutsche Nationalbibliografie; des données bibliographiques détaillées sont disponibles sur internet à l'adresse http://dnb.d-nb.de.
Toutes marques et noms de produits mentionnés dans ce livre demeurent sous la protection des marques, des marques déposées et des brevets, et sont des marques ou des marques déposées de leurs détenteurs respectifs. L'utilisation des marques, noms de produits, noms communs, noms commerciaux, descriptions de produits, etc, même sans qu'ils soient mentionnés de façon particulière dans ce livre ne signifie en aucune façon que ces noms peuvent être utilisés sans restriction à l'égard de la législation pour la protection des marques et des marques déposées et pourraient donc être utilisés par quiconque.

Coverbild / Photo de couverture: www.ingimage.com

Verlag / Editeur:
Éditions Croix du Salut
ist ein Imprint der / est une marque déposée de
OmniScriptum GmbH & Co. KG
Heinrich-Böcking-Str. 6-8, 66121 Saarbrücken, Deutschland / Allemagne
Email: info@editions-croix.com

Herstellung: siehe letzte Seite /
Impression: voir la dernière page
ISBN: 978-3-8416-9869-8

Copyright / Droit d'auteur © 2013 OmniScriptum GmbH & Co. KG
Alle Rechte vorbehalten. / Tous droits réservés. Saarbrücken 2013

Connaitre Christ

L'excellence de la connaissance

Table des Matières

Introduction..5
1) Qui est Jésus-Christ ?...11
2) Christ le fils de Dieu..16
3) Le fils de l'homme...20
4) Le Sauveur...23
    Christ est notre substitut..30
    Christ crucifié...34
5) Jésus-Christ est ressuscité..46
    Il est vivant..47
6) Christ est le Seigneur...55
    Invoquer le Nom du Seigneur..58
    Christ est toujours le même..61
7) Christ est Roi...64
    Il est prince..67
8) Christ est Souverain Sacrificateur..69
    Christ notre avocat...75
    Christ le médiateur unique...77
    Christ intercesseur..79
9) Christ notre berger...83
    a) Il s'agit de "brebis perdues"...85
    b) Jésus est le Sauveur des brebis..85
    c) Les brebis suivent leur berger..86
10) Christ notre Maître...91
    Jésus-Christ est devenu leur DIEU..95
    Enfin Jésus est un ami pour les siens..96
11) Christ le cep...98
    Etre ses témoins...99
    Le fruit de l'Esprit..100
    Notre vie dépend de Christ..101
    Des conditions indispensables...103
        a) l'appartenance..103
        b) la dépendance..104
        c) sa présence. Jean 15.4..105
        d) l'attachement..105
    Unis à Christ..106
    Les sarments émondés...107
    La méthode divine...109
    Entre ses mains..111
    Des sarments retranchés..112
    Un fruit qui demeure...113
    Conclusion...114
12) Christ présent en nous..117
    Vous connaîtrez...118
    En "nous"...119
    La conscience de la présence de Dieu en nous..................................120

- Souper avec Jésus... 124
- Ouvrons la porte... 127
- 13) Christ la plénitude.. 130
  - Un regard spirituel sur Christ !.. 135
- 14) Christ et son Église.. 139
  - L'Eglise corps de Christ.. 141
  - Christ est la tête du corps de l'Église; Colossiens 1:18 142
  - Unis à Lui et ensemble:... 143
  - Comment percevons- nous l'Eglise de Christ ?..................................... 146
  - L'Eglise attend son Seigneur... 148

Introduction

Concernant la connaissance de Christ, un traducteur du Nouveau Testament traduit ainsi une expression de l'apôtre Paul :

> *Le bien le plus précieux, celui qui, de loin, surpasse tous les autres, c'est de le connaître et de le comprendre de mieux en mieux.*

Comme nous le verrons dans ce dossier, la connaissance de Christ est non seulement excellente, mais aussi indispensable pour que nous soyons sauvés, que nous devenions enfants de Dieu, que nous ayons la vie éternelle et que notre façon de vivre soit transformée, selon les paroles de Jésus lui-même :

> *Jésus leur parla de nouveau, et dit: Je suis la lumière du monde; celui qui me suit ne marchera pas dans les ténèbres, mais il aura la lumière de la vie. Jean 8:12*

> *Si donc le Fils vous affranchit, vous serez réellement libres. Jean 8:36*

> *Or, la vie éternelle, c'est qu'ils te connaissent, toi, le seul vrai Dieu, et celui que tu as envoyé, Jésus-Christ. Jean 17:3*

> *La volonté de mon Père, c'est que quiconque voit le Fils et croit en lui ait la vie éternelle; et je le ressusciterai au dernier jour. Jean 6:40*

L"apôtre Paul se réfère à l'Ecriture lorsqu'il dit :

> *Car il est écrit : « quiconque l'invoquera comme Seigneur sera sauvé ».*

> *Mais comment l'invoquer si on n'a pas appris à croire en lui et à lui faire confiance ? Et d'où viendrait cette foi si l'on n'a jamais entendu parler de lui ? Et comment en entendre parler, s'il n'y a pas de messagers pour proclamer la Bonne Nouvelle ?*

> *Mais encore : Comment quelqu'un s'arrogera-t-il la charge de proclamer l'Evangile s'il n'a reçu aucun ordre de mission ? « Qu'il est beau, est-il écrit, de voir venir les messagers de bonnes nouvelles », c'est-à-dire les prédicateurs de l'Evangile.*

L'Evangile, c'est la Bonne Nouvelle de Jésus-Christ. Ce n'est pas uniquement les quatre évangiles, mais tout ce qui dans la Bible parle de Lui.

La lecture, la méditation et l'étude des Ecritures, surtout le Nouveau Testament, sont les meilleurs moyens pour révéler Jésus-Christ.

Le but de ce dossier est d'amener chacun à mieux connaitre ce qui est dit de Christ dans toutes les Ecritures, selon sa propre méthode :

> *Et, commençant par Moïse et par tous les prophètes, il leur expliqua dans toutes les Ecritures ce qui le concernait. Luc 24:27*

Et cela afin de croire en lui, de le suivre, de l'aimer, de nous attacher à lui de tout notre cœur, de toutes nos forces, de toute notre âme et de toutes nos pensées !

C'est tout un programme qui ne demande pas moins que l'effort d'une vie entière ! Malheureusement, nous n'en comprenons pas toujours l'importance.

L'apôtre Paul écrit des paroles qui expriment un choix prioritaire :

> *"Je regarde toutes choses comme une perte, à cause de l'excellence de la connaissance de Jésus-Christ mon Seigneur, pour lequel j'ai renoncé à tout, et je les regarde comme de la boue, afin de gagner Christ, et d'être trouvé en lui, non avec ma justice, celle qui vient de la loi, mais avec celle qui s'obtient par la foi en Christ, la justice qui vient de Dieu par la foi,*
>
> *Afin de connaître Christ, et la puissance de sa résurrection, et la communion de ses souffrances, en devenant conforme à lui dans sa mort, pour parvenir, si je puis, à la résurrection d'entre les morts. Philippiens 3:8.*

Beaucoup font de la connaissance de la Bible leur objectif principal. C'est une très bonne chose mais cette démarche peut ne déboucher que sur un savoir historique, philosophique ou tout simplement religieux. Bien des chrétiens considèrent la Bible comme un livre de préceptes religieux et de pratiques pieuses, qu'ils s'efforcent de vivre du mieux qu'ils peuvent. Jésus disait aux pharisiens :

> *"Vous sondez les Écritures, parce que vous pensez avoir en elles la vie éternelle: ce sont elles qui rendent témoignage de moi. Et vous ne voulez pas venir à moi pour avoir la vie!" Jean 5:39.*

Jésus enseigne que le bon usage des Ecritures consiste à rechercher ce qui est dit de Lui afin de croire en lui pour avoir la vie éternelle. C'est aussi ce qu'écrit l'apôtre Paul :

> *Ainsi la foi vient de ce qu'on entend, et ce qu'on entend vient de la parole de Christ. Romains 10:17*

Cependant, la parole de Dieu ne doit pas demeurer au niveau de notre intellect. Pour être efficace elle doit atteindre et toucher notre cœur.

Le jour de la Pentecôte, l'apôtre Pierre s'adressant à la multitude rassemblée leur a annoncé Christ.

> *Après avoir entendu ce discours, ils eurent le cœur vivement touché, et ils dirent à Pierre et aux autres apôtres: Hommes frères, que ferons-nous?*
>
> *Pierre leur dit: Repentez-vous, et que chacun de vous soit baptisé au nom de Jésus-Christ, pour le pardon de vos péchés; et vous recevrez le don du Saint-Esprit.*
>
> *Car la promesse est pour vous, pour vos enfants, et pour tous ceux qui sont au loin, en aussi grand nombre que le Seigneur notre Dieu les appellera.*
>
> *Et, par plusieurs autres paroles, il les conjurait et les exhortait, disant: Sauvez-vous de cette génération perverse.*
>
> *Ceux qui acceptèrent sa parole furent baptisés; et, en ce jour-là, le nombre des disciples s'augmenta d'environ trois mille âmes. (Lire Actes 2. 14 à 42)*

Lors de sa première prédication, Pierre ne s'est pas attardé à expliquer le phénomène surnaturel qui venait de se produire, mais en partant d'une parole du prophète Joël, il leur a présenté le Christ, comme le Messie, le Sauveur et le Seigneur envoyé par Dieu pour le salut de ceux qui croiraient en Lui. C'est alors que le cœur de ses auditeurs a été vivement touché !

Dans la Bible il est fait appel à nos facultés d'observation, de réflexion, de décision, autrement dit à notre capacité intellectuelle à trouver les bonnes réponses et à y répondre, mais il est aussi question de nos sentiments.

Dieu par sa Parole veut atteindre notre cœur. Autrement dit il sollicite nos sentiments afin de provoquer une réaction affective et la décision qui s'en suit logiquement : *Ceux qui acceptèrent sa parole furent baptisés; et, en ce jour-là, le nombre des disciples s'augmenta d'environ trois mille âmes.*

Le résultat normal de la connaissance de Christ doit produire la foi en Jésus-Christ et déterminer notre vie par rapport à Lui, comme l'écrit l'apôtre Paul : "... *Je vis dans la foi au Fils de Dieu, qui m'a aimé et qui s'est livré lui-même pour moi.*" Galates 2.20

Dans une autre lettre il dit : *C'est par le cœur, en effet, que l'on croit, et Dieu rend juste celui qui croit ; c'est par la bouche qu'on affirme, et Dieu sauve qui fait ainsi.* (Romains 10:10),

Jésus, reprenant une parole du prophète Esaïe, reprochait aux gens de sa génération l'insensibilité de leur cœur à la Parole de Dieu :

> *Et pour eux s'accomplit cette prophétie d'Esaïe: Vous entendrez de vos oreilles, et vous ne comprendrez point; Vous regarderez de vos yeux, et vous ne verrez point.*
>
> *Car le cœur de ce peuple est devenu insensible; Ils ont endurci leurs oreilles, et ils ont fermé leurs yeux, De peur qu'ils ne voient de leurs yeux, qu'ils n'entendent de leurs oreilles, Qu'ils ne comprennent de leur cœur, Qu'ils ne se convertissent, et que je ne les guérisse.*

Quand Jésus dit que leur cœur est devenu insensible, cela signifie que non seulement leurs facultés spirituelles de compréhension sont fermées à ses paroles, mais aussi qu'ils ne ressentent plus d'élans affectifs à l'égard de Dieu. Leur foi est devenue ritualiste, traditionnelle, formaliste, religieuse.

Or pour s'accomplir la Parole de Dieu doit trouver une vraie foi dans le cœur de ceux qui l'entendent :

> *Car cette bonne nouvelle nous a été annoncée aussi bien qu'à eux; mais la parole qui leur fut annoncée ne leur servit de rien, parce qu'elle ne trouva pas de la foi chez ceux qui l'entendirent. Hébreux 4:2*

1) Qui est Jésus-Christ ?

Il y a des choses essentielles que nous devons connaître de Lui : sa nature, ses paroles, son œuvre, sa place dans le dessein de Dieu le Père, la nature de sa relation avec nous.

Lui-même a voulu que ses disciples prennent position à son sujet :

> *Jésus, étant arrivé dans le territoire de Césarée de Philippe, demanda à ses disciples : "Qui dit-on que je suis, moi, le Fils de l'homme ? Ils répondirent: Les uns disent que tu es Jean-Baptiste; les autres, Élie; les autres, Jérémie, ou l'un des prophètes. Et vous, leur dit-il, qui dites-vous que je suis ?*
>
> *Simon Pierre répondit: Tu es le Christ, le Fils du Dieu vivant.*
>
> *Jésus, reprenant la parole, lui dit: Tu es heureux, Simon, fils de Jonas; car ce ne sont pas la chair et le sang qui t'ont révélé cela, mais c'est mon Père qui est dans les cieux." Matthieu 16:13-17.*

Ce texte nous apprend plusieurs choses.

La première c'est que nous devons nous déterminer par rapport à Jésus-Christ, non seulement d'après ce que les autres pensent, mais par une conviction personnelle.

La seconde c'est que la connaissance de Christ est le produit d'une révélation de Dieu son Père.

Nous observons que dans le domaine de la connaissance de Dieu, de Christ et en général tout ce qui concerne le royaume de Dieu, la sagesse et l'intelligence humaines sont insuffisantes. Elles nous permettent d'acquérir une connaissance théologique et intellectuelle, tandis que la révélation du Saint-Esprit produit une profonde conviction.

La révélation divine ne dépend pas d'une analyse, même spirituelle, mais elle s'impose comme la certitude d'une réalité évidente incontestable. Pour l'apôtre Pierre et ses compagnons, il est devenu soudain évident que Jésus était le Fils du Dieu vivant, le Messie, car Dieu le leur révélait ! *Matthieu 16.17*

> *"La révélation divine est l'action du Saint-Esprit qui soulève le voile posé sur des événements surnaturels cachés dans la pensée de Dieu ou encore qui dirige un faisceau de lumière éclairant des choses jusque là enveloppées de mystère."*

Jésus a enseigné une vérité essentielle concernant la connaissance des choses de Dieu :

> *En ce temps-là, Jésus prit la parole, et dit: Je te loue, Père, Seigneur du ciel et de la terre, de ce que tu as caché ces choses aux sages et aux intelligents, et de ce que tu les as révélées aux enfants.*
>
> *Oui, Père, je te loue de ce que tu l'as voulu ainsi.*
>
> *Toutes choses m'ont été données par mon Père, et personne ne connaît le Fils, si ce n'est le Père; personne non plus ne connaît le Père, si ce n'est le Fils et celui à qui le Fils veut le révéler. Matthieu 11.25*

C'est aussi ce qu'a dit l'apôtre Paul :

> *Mais, comme il est écrit, ce sont des choses que l'oeil n'a point vues, que l'oreille n'a point entendues, et qui ne sont point montées au coeur de l'homme, des choses que Dieu a préparées pour ceux qui l'aiment.*
>
> *Dieu nous les a révélées par l'Esprit. Car l'Esprit sonde tout, même les profondeurs de Dieu.*
>
> *Qui donc, parmi des hommes, connaît les choses de l'homme, si ce n'est l'esprit de l'homme qui est en lui ? De même, personne ne connaît les choses de Dieu, si ce n'est l'Esprit de Dieu.*
>
> *Or nous, nous n'avons pas reçu l'esprit du monde, mais l'Esprit qui vient de Dieu, afin que nous connaissions les choses que Dieu nous a données par sa grâce.*
>
> *Et nous en parlons, non avec des discours qu'enseigne la sagesse humaine, mais avec ceux qu'enseigne l'Esprit, employant un langage spirituel pour les choses spirituelles.*

> *Mais l'homme naturel n'accepte pas les choses de l'Esprit de Dieu, car elles sont une folie pour lui, et il ne peut les connaître, parce que c'est spirituellement qu'on en juge. L'homme spirituel, au contraire, juge de tout, et il n'est lui-même jugé par personne. 1 Corinthiens 2.9*

Dans notre démarche pour connaitre Christ ou les choses de Dieu, il est donc indispensable d'accepter cette vérité, reconnaissant humblement que nous entrons dans un domaine mystérieux, appelé : *"le mystère de Christ". Ephésiens 3.3*

Paul dit que c'est par révélation qu'il a eu connaissance du mystère de Christ, sur lequel il a écrit au début de sa lettre aux Ephésiens qu'il commence par ces mots :

> *Béni soit Dieu, le Père de notre Seigneur Jésus-Christ, qui nous a bénis de toutes sortes de bénédictions spirituelles dans les lieux célestes en Christ!*
>
> *En lui Dieu nous a élus avant la fondation du monde, pour que nous soyons saints et irrépréhensibles devant lui, nous ayant prédestinés dans son amour à être ses enfants d'adoption par Jésus-Christ, selon le bon plaisir de sa volonté, à la louange de la gloire de sa grâce qu'il nous a accordée en son bien-aimé.*
>
> *En lui nous avons la rédemption par son sang, la rémission des péchés, selon la richesse de sa grâce, que Dieu a répandue abondamment sur nous par toute espèce de sagesse et d'intelligence, nous faisant connaître le mystère de sa volonté, selon le bienveillant dessein qu'il avait formé en lui-même, pour le mettre à exécution lorsque les temps seraient accomplis, de réunir toutes choses en Christ, celles qui sont dans les cieux et celles qui sont sur la terre. Ephésiens 1.3*

Les évangiles nous font connaitre ce que les disciples ont vu et entendu du Seigneur Jésus-Christ. Il y a une connaissance théologique le concernant, une doctrine d'églises, plus ou moins influencée par les traditions des courants "chrétiens" et souvent divergents.

Cependant il existe une autre forme de connaissance au sujet de Jésus-Christ :

> *Si nous avons connu Christ selon la chair, maintenant nous ne le connaissons plus de cette manière. 2 Corinthiens 5.6*

Cela signifie qu'à la connaissance acquise par la lecture des écrits des témoins oculaires des évangiles, doit s'ajouter la révélation spirituelle qui nous fait entrer dans toute la dimension de la personne de Christ.

Job dit à Dieu : *Mon oreille avait entendu parler de toi ; Mais maintenant mon œil t'a vu. Job 42:5*

C'est exactement cela que nous devons expérimenter concernant les choses de Dieu et de Christ.

Nous pouvons avoir entendu ou lu des choses au sujet de Christ : *Son origine divine, sa conception humaine miraculeuse, son ministère puissant, son sacrifice rédempteur par sa mort sur la croix, sa résurrection glorieuse, son départ au ciel, sa présence et son union avec son Eglise sur la terre, son apparition sur les nuées du ciel pour le rassemblement de ses élus, son règne exceptionnelle sur la terre pendant mille ans et enfin sa domination éternelle et glorieuse dans la nouvelle création de Dieu*

Mais il est nécessaire qu'elles deviennent vivantes en nous, comme des réalités évidentes dont nous sommes intérieurement saisis, comme l'a dit Jésus :

> *C'est l'Esprit qui vivifie ; la chair ne sert à rien. Les paroles que je vous ai dites sont Esprit et vie. Jean 6:63*

Cependant nous savons aussi que nous ne comprendrons jamais entièrement ici-bas toutes les choses que nous nous efforçons de connaitre. Mais un jour elles nous seront pleinement dévoilées.

> *Aujourd'hui, certes, nous ne percevons qu'une image confuse de la réalité, nous voyons comme dans un miroir et bien des énigmes demeurent. Alors, nous verrons directement, face à face. Dans le temps présent, je connais d'une manière imparfaite et partielle, mais alors je connaîtrai aussi parfaitement que Dieu me connaît et je comprendrai comme j'ai été moi-même compris. 1 Corinthiens 13:12*

Les disciples avaient vécu 3 ans avec Jésus, ils avaient été témoins de ses œuvres miraculeuses, ils avaient reconnu la vérité de sa parole, ils l'avaient côtoyé tous les jours et cependant Jésus dira à l'un d'eux : *Il y a si longtemps que je suis avec vous et tu ne m'as connu ! Jean 14. 9*

Comme nous, ils avaient besoin d'une compréhension spirituelle de Christ. C'est pour cela que nous prions selon les paroles de l'apôtre Paul :

> *Que le Dieu de notre Seigneur Jésus-Christ, le Père de gloire, vous donne un esprit de sagesse et de révélation, dans sa connaissance, et qu'il illumine les yeux de votre cœur, pour que vous sachiez quelle est l'espérance qui s'attache à son appel, quelle est la richesse de la gloire de son héritage qu'il réserve aux saints, et quelle est envers nous qui croyons l'infinie grandeur de sa puissance, se manifestant avec efficacité par la vertu de sa force. Ephésiens 1.17*

2) Christ le fils de Dieu

Lorsque nous commençons une réflexion sur le Christ il est bon de situer son origine et incontestablement nous découvrons dans la Bible sons ascendance divine.

Dans l'Ancien Testament, l'auteur du chapitre 30 du livre des Proverbes, un certain Agur pose quelques questions pertinentes :

> *Qui est monté aux cieux, et qui en est descendu? Qui a recueilli le vent dans ses mains? Qui a serré les eaux dans son vêtement? Qui a fait paraître les extrémités de la terre?*
>
> *Quel est son nom, et quel est le nom de son fils? Le sais-tu? Proverbes 30.4*

La plupart des gens se posent cette question : Qui est Dieu ? Dans la présente étude nous ouvrons l'interrogation : Qui est Christ ?

Dans les premiers chapitres du livre de la Genèse le Nom du Dieu créateur est "Elohim" dont la racine signifie "être fort, puissant".

Ce n'est pas le seul nom qui lui est donné dans la Bible. Le plus utilisé par les Israélites est : L'Eternel - Yahvé (6499 fois dans l'Ancien Testament).

Y.H.V.H est le nom sacré que les juifs ne prononcent pas, car il exprime l'essence même de la nature de Dieu : "Je suis". Ils lui ont substitué le mot Adonaï = Seigneur. C'est pour permettre la lecture du nom ineffable que ceux qui ont écrit les textes de l'Ancien Testament eurent l'idée d'accompagner les 4 consonnes Y H V H des voyelles appartenant au substantif Seigneur : Adonaï. Le lecteur juif ne s'y trompe pas; il sait qu'il a sous les yeux 2 mots en 1, l'un tout en voyelles et l'autre tout en consonnes.

Mais revenons à notre sujet : Christ, le Fils de Dieu

Le nom "Elohim" du Dieu créateur est un pluriel. La construction de la phrase suivante le détermine : *"Puis Dieu [Elohim] dit: "Faisons" l'homme à "notre" image, selon "notre" ressemblance..." Genèse 1:26*

Quelqu'un est donc associé à Dieu, appelé aussi Le Père. C'est ce qui parait dans d'autres textes de la Bible :

> *Au commencement était la Parole, et la Parole était avec Dieu, et la Parole était Dieu.*
>
> *Elle était au commencement avec Dieu.*
>
> *Toutes choses ont été faites par elle, et rien de ce qui a été fait n'a été fait sans elle. Jean 1*

Ce que confirme aussi l'apôtre Paul en précisant qu'il s'agit du "Fils de son amour" :

> *Car en lui ont été créées toutes les choses qui sont dans les cieux et sur la terre, les visibles et les invisibles, trônes, dignités, dominations, autorités. Tout a été créé par lui et pour lui. Il est avant toutes choses, et toutes choses subsistent en lui. Colossiens 1:16*

L'auteur de l'épitre aux Hébreux, se référant à un texte de l'Ancien Testament a écrit :

> *Toi, Seigneur, tu as au commencement fondé la terre, Et les cieux sont l'ouvrage de tes mains;*
>
> *Ils périront, mais tu subsistes; Ils vieilliront tous comme un vêtement,*
>
> *Tu les rouleras comme un manteau et ils seront changés; Mais toi, tu restes le même, Et tes années ne finiront point. Hébreux 1*

Christ est le Fils de Dieu. Non pas "un fils de Dieu" parmi d'autres comme voudraient le faire croire quelques docteurs en mal d'identité. Les anges et autres créatures célestes sont appelés "fils de Dieu" parce qu'il sont des esprits créés par Dieu sans filiation.

Concernant le Christ, il est appelé "le Fils Unique" car il est "issu" du Père, non par création, mais par filiation :

> *La Parole est devenue chair ; elle a fait sa demeure parmi nous, et nous avons vu sa gloire, une gloire de Fils unique issu du Père. Jean 1:14*

> *Oui, Dieu a tant aimé le monde qu'il a donné son Fils, "son unique", pour que tous ceux qui placent leur confiance en lui échappent à la perdition et qu'ils aient la vie éternelle. Jean 3:16*

A une personne qui doutait de la nature divine de Christ j'ai répondu : Il est "issu" du Père, il a la même nature, il est d'essence divine, puisque son Père dont il est issu est Dieu, lui aussi est Dieu.

Vous me direz peut être que c'est réducteur comme réponse ? Cela a le mérite d'être clair et de plus conforme à ce qui est écrit dans la Bible : *"la Parole était Dieu".*

Il a la nature de son Père, comme il le dit lui-même : *Celui qui m'a vu a vu le Père !* Jean 14.9

Nous ne devons pas penser que Christ soit un ange supérieur ou un être créé. Dieu le Père l'appelle lui-même "Dieu"

> *Car auquel des anges Dieu a-t-il jamais dit: Tu es mon Fils, Je t'ai engendré aujourd'hui? Et encore: Je serai pour lui un père, et il sera pour moi un fils?*

> *Et lorsqu'il introduit de nouveau dans le monde le premier-né, il dit: Que tous les anges de Dieu l'adorent!*

> *De plus, il dit des anges: Celui qui fait de ses anges des vents, Et de ses serviteurs une flamme de feu.*

> *Mais il a dit au Fils: Ton trône, ô Dieu, est éternel; Le sceptre de ton règne est un sceptre d'équité;*

> *Tu as aimé la justice, et tu as haï l'iniquité; C'est pourquoi, ô Dieu, ton Dieu t'a oint D'une huile de joie au-dessus de tes égaux.*

Et encore: Toi, Seigneur, tu as au commencement fondé la terre, Et les cieux sont l'ouvrage de tes mains;

Ils périront, mais tu subsistes; Ils vieilliront tous comme un vêtement,

Tu les rouleras comme un manteau et ils seront changés; Mais toi, tu restes le même, Et tes années ne finiront point.

Et auquel des anges a-t-il jamais dit: Assieds-toi à ma droite, jusqu'à ce que je fasse de tes ennemis ton marchepied?

Ne sont-ils pas tous des esprits au service de Dieu, envoyés pour exercer un ministère en faveur de ceux qui doivent hériter du salut?

L'apôtre Paul écrit qu'il existait "en forme de Dieu". Philippiens 2.6

Il est encore écrit : *Toute la gloire de Dieu brille sur lui. Ce Fils est vraiment ce que Dieu est, et sa parole puissante soutient le monde. Hébreux 1:3*

Bien d'autres passages le présentent comme Celui qui existait avant toutes choses, par qui toutes choses ont été créées et en qui elles subsistent. Celui à qui le Père affirme : *Ton trône, ô Dieu, est éternel !*

3) Le fils de l'homme

Christ entrant dans le monde dit à son Père : *"tu m'as formé un corps"* ! Hébreux 10

C'est à ce moment là que celui qui s'appelait "La Parole" est devenu chair, conçu dans le sein d'une femme d'Israël nommée Marie ! Mystère extraordinaire !

Ce qui semble le plus difficile à reconnaitre pour certains c'est la double appartenance de Christ : Il est à la fois de nature divine et de nature humaine !

La venue au monde de Jésus est souvent qualifiée de miraculeuse. Or Marie sa mère a accouché naturellement. Ce qui est surnaturel et miraculeux c'est sa conception, lorsqu'un ovule de Marie a été fécondé par le Saint-Esprit.

> *Lorsque l'ange Gabriel lui annonça qu'elle allait être enceinte, Marie dit à l'ange : « Comment cela se fera-t-il puisque je n'ai pas de relations conjugales ? »*

> *L'ange lui répondit : « L'Esprit Saint viendra sur toi et la puissance du Très-Haut te couvrira de son ombre ; c'est pourquoi celui qui va naître sera saint et sera appelé Fils de Dieu.*

Quand nous réfléchissons a cet événement glorieux , nous sommes confondus et admiratifs devant la manifestation de la puissance de Dieu.

"Le Seigneur de Gloire, La Parole Dieu, celui qui existait en forme de Dieu, par qui toutes choses ont été créées, est venu dans cet ovule et a connu toutes les phases du développement embryonnaire".

Le Seigneur Jésus pouvait reprendre à son compte les paroles du psalmiste : Ps 139.13/16

> *C'est toi qui as formé mes reins, Qui m'as tissé dans le sein de ma mère.*
>
> *Je te loue de ce que je suis une créature si merveilleuse. Tes oeuvres sont admirables, Et mon âme le reconnaît bien.*
>
> *Mon corps n'était point caché devant toi, Lorsque j'ai été fait dans un lieu secret, Tissé dans les profondeurs de la terre.*
>
> *Quand je n'étais qu'une masse informe, tes yeux me voyaient; Et sur ton livre étaient tous inscrits Les jours qui m'étaient destinés, Avant qu'aucun d'eux existât.*

Je suis confondu et émerveillé par cette descente du Fils de Dieu parmi nous, empruntant le processus naturel de la naissance des hommes.

Nous donnons la gloire au Dieu Très Haut, d'avoir choisi la voie de tous les humains pour envoyer son Fils jusqu'à nous et venir lui-même en Lui.

> *Car Dieu était en Christ, réconciliant le monde avec lui-même, en n'imputant point aux hommes leurs offenses, et il a mis en nous la parole de la réconciliation. 2 Corinthiens 5:19*

Celui qui existait en forme de Dieu a connu toutes les étapes de la nature humaine. Né d'une femme, dépendant de sa mère comme un bébé, enfant et adolescent, puis devenant un homme adulte, le charpentier de Nazareth, comme l'appelaient ses contemporains.

Jésus-Christ, lequel, existant en forme de Dieu, n'a point regardé comme une proie à arracher d'être égal avec Dieu, mais s'est dépouillé lui-même, en prenant une forme de serviteur, en devenant semblable aux hommes; et ayant paru comme un simple homme, il s'est humilié lui-même, se rendant obéissant jusqu'à la mort, même jusqu'à la mort de la croix. Philippiens 2.6

Il est indispensable que nous croyions à la conception miraculeuse du Fils de Dieu, à sa naissance et à sa vie sur la terre dans un corps semblable au notre en tout point.

Reconnaissez à ceci l'Esprit de Dieu: tout esprit qui confesse Jésus-Christ venu en chair est de Dieu; et tout esprit qui ne confesse pas Jésus n'est pas de Dieu, c'est celui de l'antéchrist, dont vous avez appris la venue, et qui maintenant est déjà dans le monde. 1 Jean 4.2/3

Nous avons sans doute du mal à comprendre le mystère de Christ, néanmoins nous pouvons le croire et donc savoir qu'il était indispensable que le Fils de Dieu devienne un simple homme afin de s'offrir lui-même en portant nos péchés dans son corps sur la croix pour en faire l'expiation.

4) Le Sauveur

Christ, le Fils de Dieu, a été fait homme dans un but bien précis : Accomplir le plan de Dieu pour le salut des êtres humains, comme il est écrit :

> *C'est pourquoi Christ, entrant dans le monde, dit: Tu n'as voulu ni sacrifice ni offrande, Mais tu m'as formé un corps; Tu n'as agréé ni holocaustes ni sacrifices pour le péché.*
>
> *Alors j'ai dit: Voici, je viens Dans le rouleau du livre il est question de moi Pour faire, ô Dieu, ta volonté.*
>
> *Après avoir dit d'abord: Tu n'as voulu et tu n'as agréé ni sacrifices ni offrandes, Ni holocaustes ni sacrifices pour le péché ce qu'on offre selon la loi, il dit ensuite: Voici, je viens Pour faire ta volonté. Il abolit ainsi la première chose pour établir la seconde.*
>
> *C'est en vertu de cette volonté que nous sommes sanctifiés, par l'offrande du corps de Jésus-Christ, une fois pour toutes. Hébreux 10:5-10*

Lorsque nous parlons de "salut", il faut comprendre sa nécessité absolue en rapport avec une situation créée par le péché. Il est donc important de prendre conscience de la nature, de la gravité du péché, de tous les maux qu'il engendre dans le monde et dans notre vie, et surtout du destin tragique des pécheurs qui ne se seront pas repentis et n'auront pas cru en Jésus-Christ.

> *Et je vis les morts, les grands et les petits, qui se tenaient devant le trône. Des livres furent ouverts. Et un autre livre fut ouvert, celui qui est le livre de vie. Et les morts furent jugés selon leurs œuvres, d'après ce qui était écrit dans ces livres.*
>
> *La mer rendit les morts qui étaient en elle, la mort et le séjour des morts rendirent les morts qui étaient en eux; et chacun fut jugé selon ses œuvres.*
>
> *Et la mort et le séjour des morts furent jetés dans l'étang de feu. C'est la seconde mort, l'étang de feu.*
>
> *Quiconque ne fut pas trouvé écrit dans le livre de vie fut jeté dans l'étang de feu. Apocalypse 20.12-15*

Lorsque nous aurons réalisé la nature du péché et ses conséquences, nous comprendrons mieux la nécessité d'une expiation à la mesure de sa gravité.

Dans toutes les religions anciennes ou actuelles, le concept de l'expiation des péchés repose sur des œuvres méritoires, des offrandes ou des sacrifices. Cependant ces sacrifices sont insuffisants et ceux qui étaient offerts selon la loi de Moïse pour le peuple d'Israël étaient simplement une préfiguration du sacrifice parfait et éternel de Christ.

Lorsque nous parlons du salut, nous comprenons en premier son auteur, celui qui sauve, Jésus-Christ le seul Sauveur.

> *Il n'y a de salut en aucun autre; car il n'y a sous le ciel aucun autre nom qui ait été donné parmi les hommes, par lequel nous devions être sauvés. Actes 4:12*

Avant d'être une œuvre, le salut est d'abord une personne, selon que l'exprime Siméon quand il a pris dans ses bras l'enfant Jésus :

> *Il vint au temple, poussé par l'Esprit. Et, comme les parents apportaient le petit enfant Jésus pour accomplir à son égard ce qu'ordonnait la loi, il le reçut dans ses bras, bénit Dieu, et dit :*
>
> *Maintenant, Seigneur, tu laisses ton serviteur S'en aller en paix, selon ta parole.*
>
> *Car mes yeux ont vu ton salut,*
>
> *Salut que tu as préparé devant tous les peuples. Luc 2.27*

Cela signifie que Christ est Celui en qui et par qui le salut à été rendu parfait et lui-seul le pouvait. Il est à la fois le sacrificateur, celui qui offre le sacrifice, et la victime expiatoire, comme un agneau sans défaut et sans tache.

> *Christ, nous a aimés, et il s'est livré lui-même à Dieu pour nous comme une offrande et un sacrifice de bonne odeur. Ephésiens 5:2*

Vous avez été rachetés de la vaine manière de vivre que vous aviez héritée de vos pères, mais par le sang précieux de Christ, comme d'un agneau sans défaut et sans tache ; prédestiné avant la fondation du monde, il fut manifesté à la fin des temps, à cause de vous ; par lui, vous croyez en Dieu qui l'a ressuscité des morts et lui a donné la gloire, en sorte que votre foi et votre espérance reposent sur Dieu. 1 Pierre 1.18

Nous avons bien compris que le Seigneur Jésus-Christ, annoncé par les prophètes de l'Ancien Testament et présenté dans le Nouveau Testament, est l'unique Sauveur. Le nom indiqué par l'ange à Marie signifie : Yahvé sauve, c'est à dire que Celui qui s'est révélé à Moïse par son nom ineffable a envoyé son Fils unique pour être le Sauveur du monde.

L'ange dit à Joseph: "Tu lui donneras le nom de Jésus (Yahvé sauve), car c'est lui qui sauvera son peuple de ses péchés."

Dieu, en effet, n'a pas envoyé son Fils dans le monde pour juger le monde, mais pour que par lui le monde soit sauvé. Jean 3:17

Le salut c'est la réponse de Dieu au besoin fondamental de l'être humain et cela par amour pour les perdus.

Dieu prouve son amour envers nous, en ce que, lorsque nous étions encore des pécheurs, Christ est mort pour nous. Romains 5:8

Car Dieu a tant aimé le monde qu'il a donné son Fils unique, afin que quiconque croit en lui ne périsse point, mais qu'il ait la vie éternelle. Jean 3:16

Le salut peut se comprendre par les deux réalités suivantes :

. Le besoin d'échapper à la sentence méritée à cause de nos péchés : car le salaire du péché c'est la mort. Romain 6.23

. La nécessité d'être réconciliés avec Dieu pour recevoir la vie éternelle.

Être perdu c'est être séparé de Dieu, mort dans le péché.

Etre sauvé, c'est être réconcilié avec Lui, rétabli dans sa communion et ainsi avoir la vie éternelle.

L'œuvre du salut a été accomplie à la croix par le Seigneur Jésus-Christ et le moyen d'y accéder c'est la foi. Si bien que nous pouvons dire que nous sommes sauvés par la croix de Christ, par le moyen de la foi.

Le salut de Dieu est appelé "un si grand salut" pour deux raisons :

- Premièrement, il est universel, il s'adresse à tous les êtres humains

> *Car la grâce de Dieu, source de salut pour tous les hommes, a été manifestée. Tite 2:11*

> *Ainsi donc, comme par une seule offense la condamnation a atteint tous les hommes, de même par un seul acte de justice la justification qui donne la vie s'étend à tous les hommes. Romains 5:18*

De nombreux autres passages des Écritures affirment que l'amour de Dieu se manifeste envers tous sans distinction, que Jésus est la victime expiatoire pour les péchés du monde entier.

> *Il est lui-même l'expiation pour nos péchés ; non pas seulement pour les nôtres, mais aussi pour ceux du monde entier. 1 Jean 2:2*

Les Écritures dans leur ensemble rendent témoignage de l'accès au salut et de sa gratuité, pour tous les êtres humains. C'est une grâce, un don gratuit de Dieu :

> *Car c'est par la grâce que vous êtes sauvés, par le moyen de la foi. Et cela ne vient pas de vous, c'est le don de Dieu. Éphésiens 2:8*

L'œuvre de rédemption accomplie par Christ va même au delà des êtres humains il est une espérance pour toutes les créatures. Romains 8.20

> *Car la création a été soumise au pouvoir de la fragilité ; cela ne s'est pas produit de son gré, mais à cause de celui qui l'y a soumise. Il lui a toutefois donné une espérance c'est que la création elle-même sera délivrée de la puissance de corruption qui l'asservit pour accéder à la liberté que les enfants de Dieu connaîtront dans la gloire.*

- Puis Il englobe toutes les choses dont Dieu nous sauve : nos péchés, nos maladies, nos infirmités, nos détresses, le pouvoir du diable et des esprits méchants.
C'est un grand salut, dont nous devons connaitre et comprendre toute la dimension.

> *Afin que vous puissiez comprendre avec tous les saints quelle est la largeur, la longueur, la profondeur et la hauteur, et connaître l'amour de Christ, qui surpasse toute connaissance, en sorte que vous soyez remplis jusqu'à toute la plénitude de Dieu. Éphésiens 3.18/19*

La hauteur, il s'élève jusqu'au ciel, jusqu'au trône même de Dieu, où Jésus-Christ s'est assis à la droite de son Père, il pénètre au delà du voile, dans le lieu très saint de la présence de Dieu.

la profondeur, Il descend jusque dans l'abîme, afin de nous en faire remonter et nous faire asseoir avec lui dans les lieux célestes. Il nous délivre des abîmes du péché, du pouvoir du malin et de ses puissances de ténèbres.

la longueur, c'est un salut éternel qui se situe dans le temps éternel de Dieu et dans la distance infinie de son amour, atteignant le pécheur le plus éloigné.

la largeur, Il s'étend à tous les hommes et il couvre tous les péchés, même ceux qui nous paraissent les plus graves, les plus odieux…

Le salut apporté par le Seigneur Jésus-Christ concerne notre être entier…notre esprit, notre âme, notre corps. Jésus dit lui-même : *J'ai guéri un homme tout entier. Jean 7:23…*

Le salut de Dieu comprend la restauration spirituelle, morale et même physique de notre être. L'apôtre Paul écrit : *Or le Dieu de paix lui–même vous sanctifie entièrement ; et que votre esprit, et votre âme, et votre corps tout entiers, soient conservés sans reproche en la venue de notre Seigneur Jésus Christ. 1 Thessaloniciens 5:23*

Il se situe dans notre présent et dans notre futur éternel. 1 Timothée 4:8

> *"Mais notre cité à nous est dans les cieux, d'où nous attendons aussi comme Sauveur le Seigneur Jésus-Christ, qui transformera le corps de notre humiliation, en le rendant semblable au corps de sa gloire, par le pouvoir qu'il a de s'assujettir toutes choses." Philippiens 3.20/21*

Le salut, c'est l'expression de l'amour du Père, de son fils Jésus-Christ et de l'Esprit Saint, dans toutes les choses pour lesquelles nous avons besoin d'être secourus et sauvés, délivrés.

Nous pouvons énumérer avec la Bible tout ce dont Jésus nous sauve :

. Il nous a délivrés de nos péchés par son sang. Apocalypse 1.5

> *En lui nous avons la rédemption par son sang, la rémission des péchés, selon la richesse de sa grâce, Ephésiens 1:7*

. Il nous a acquis la guérison de nos maladies et de nos infirmités par ses meurtrissures.

> *Il a pris nos infirmités et il s'est chargé de nos maladies. Matthieu 8.17*

> *Méprisé et abandonné des hommes, Homme de douleur et habitué à la souffrance, Semblable à celui dont on détourne le visage, Nous l'avons dédaigné, nous n'avons fait de lui aucun cas.*

> *Cependant, ce sont nos souffrances qu'il a portées, C'est de nos douleurs qu'il s'est chargé; Et nous l'avons considéré comme puni, Frappé de Dieu, et humilié.*

Mais il était blessé pour nos péchés, Brisé pour nos iniquités; Le châtiment qui nous donne la paix est tombé sur lui, Et c'est par ses meurtrissures que nous sommes guéris. Esaïe 53.3

. Il nous a délivrés du pouvoir du diable, des démons et de tout esprit méchant. Colossiens 1:13

. Il nous sauve de nos malheurs, de nos ennemis et de toutes nos détresses. Jérémie 30.7 - Ps 44.7 - Esaïe 63:9

. Il nous sauve surtout du châtiment éternel.

. Il nous réconcilie avec Dieu afin que nous nous devenons les enfants de Dieu, citoyens du royaume de Dieu, héritiers de toutes les promesses divines.

Ce salut comporte toutes les délivrances, aussi bien terrestres que spirituelles.

Jésus a sauvé, Zachée de ses péchés, la femme samaritaine de sa confusion, Marie de Magdala des démons qui la tourmentaient, la femme atteinte d'une perte de sang, des multitudes de leurs maladies et infirmités, Pierre de la noyade, Lazare de la mort, etc.

Dans l'Ancien testament, le principal mot hébreu utilisé pour "salut" a le sens premier de "mettre au large" (Ps 18.36), libérer de toute servitude. Exemple : Dieu a sauvé les Israélites de l'esclavage de l'Égypte.

Jésus a utilisé le terme "sauver" et d'autres mots semblables pour décrire sa mission

"Car le Fils de l'homme est venu chercher et sauver ce qui était perdu." Luc 19:10

"Jésus, prenant la parole, leur dit: Ce ne sont pas ceux qui se portent bien qui ont besoin de médecin, mais les malades. Je ne suis pas venu appeler à la repentance des justes, mais des pécheurs". Luc 5:31

Il se présente lui-même comme le salut en disant à Zachée qui le recevait chez lui : *Le salut est entré aujourd'hui dans cette maison, parce que celui-ci est aussi un fils d'Abraham. Car le Fils de l'homme est venu chercher et sauver ce qui était perdu.* Luc 19.10

L'apôtre Pierre répondant à la menace des chefs d'Israël affirme : *Il n'y a de salut en aucun autre; car il n'y a sous le ciel aucun autre nom qui ait été donné parmi les hommes, par lequel nous devions être sauvés.* Actes 4.12

L'apôtre Jean lui rend témoignage en ces termes : *Et nous, nous avons vu et nous témoignons que le Père a envoyé le Fils comme sauveur du monde.* 1 Jean 4:14

C'est aussi ce que constataient ceux qui l'entendaient : *... nous l'avons entendu nous-mêmes, et nous savons que c'est vraiment lui le sauveur du monde.* Jean 4:42

Enfin l'auteur de l'épitre aux Hébreux a écrit : *Il est devenu pour tous ceux qui lui obéissent l'auteur d'un salut éternel,* Hébreux 5.9

Conscients de la vérité proclamée par la Parole de Dieu, concernant notre Sauveur et le salut qu'il a accompli pour nous, nous devons mettre notre foi en lui, et en lui seul, pour être sauvés.

Notre part, c'est de recevoir, d'accepter le salut de Dieu et le moyen c'est la foi en Christ.

> *Mais à tous ceux qui l'ont reçue, à ceux qui croient en son nom, elle a donné le pouvoir de devenir enfants de Dieu, lesquels sont nés, non du sang, ni de la volonté de la chair, ni de la volonté de l'homme, mais de Dieu.* Jean 1:12

Christ est notre substitut

En étudiant la nature du salut que Dieu nous accorde en Jésus-Christ, nous découvrons qu'il s'agit en fait d'un transfert dans lequel Jésus apparait comme celui qui prend la place du pécheur afin de subir le châtiment.

Celui qui n'a point connu le péché, il l'a fait devenir péché pour nous, afin que nous devenions en lui justice de Dieu. 2 Corinthiens 5:21

L'une des grandes réalités de la foi, c'est notre identification avec Christ.

L'apôtre Paul le décrit ainsi : *J'ai été crucifié avec Christ; et si je vis, ce n'est plus moi qui vis, c'est Christ qui vit en moi; si je vis maintenant dans la chair, je vis dans la foi au Fils de Dieu, qui m'a aimé et qui s'est livré lui-même pour moi. Galates 2:20*

Dans sa lettre aux disciples de Rome, Paul a défini la façon dont nous devons nous considérer par rapport à Christ :

Ignorez-vous que nous tous qui avons été baptisés en Jésus-Christ, c'est en sa mort que nous avons été baptisés?

Nous avons donc été ensevelis avec lui par le baptême en sa mort, afin que, comme Christ est ressuscité des morts par la gloire du Père, de même nous aussi nous marchions en nouveauté de vie.

En effet, si nous sommes devenus une même plante avec lui par la conformité à sa mort, nous le serons aussi par la conformité à sa résurrection, sachant que notre vieil homme a été crucifié avec lui, afin que le corps du péché fût détruit, pour que nous ne soyons plus esclaves du péché; car celui qui est mort est libre du péché.

Or, si nous sommes morts avec Christ, nous croyons que nous vivrons aussi avec lui, sachant que Christ ressuscité des morts ne meurt plus; la mort n'a plus de pouvoir sur lui.

Car il est mort, et c'est pour le péché qu'il est mort une fois pour toutes; il est revenu à la vie, et c'est pour Dieu qu'il vit.

Ainsi vous-mêmes, regardez-vous comme morts au péché, et comme vivants pour Dieu en Jésus-Christ. Romains 6.3

Il y a donc entre Christ et nous une réalité fondamentale que nous pouvons appeler un transfert réciproque : Il se charge de notre mort au péché, subissant le jugement à notre place et en retour nous sommes revêtus de sa justice et nous recevons sa vie par le moyen de la foi en Lui.

Nous devons bien intégrer dans notre pensée le sens et la portée des mots qui affirme cette réalité :

> Ce sont nos souffrances qu'il a portées, C'est de nos douleurs qu'il s'est chargé; Et nous l'avons considéré comme puni, Frappé de Dieu, et humilié.
>
> Mais il était blessé pour nos péchés, Brisé pour nos iniquités;
>
> Le châtiment qui nous donne la paix est tombé sur lui, Et c'est par ses meurtrissures que nous sommes guéris.

Considérons cette vérité attentivement, acceptons la et appliquons la à nous mêmes, chacun en particulier !

> je peux, tu peux, croire et affirmer avec assurance que ce sont "mes" "tes" souffrances qu'il a portées, c'est de "mes "tes" douleurs qu'il s'est chargé, il était blessé pour "mes" "tes" péchés, brisé pour "mes" "tes" iniquités.... le châtiment qui "me" "te" donne la paix est tombé sur lui... et par ses meurtrissures "je" suis guéri; "tu" es guéri.

Christ doit devenir le Sauveur personnel en qui chacun s'identifie par la foi, comme Lui s'est identifié à chaque pécheur lors de son sacrifice à la croix.

> Il est devenu péché pour moi, afin que je devienne en Lui justice de Dieu, c'est à dire justifié, pardonné, lavé, purifié, de tous mes péchés. Celui qui n'a point connu le péché, il l'a fait devenir péché pour nous, afin que nous devenions en lui justice de Dieu. 2 Corinthiens 5:21
>
> Lui qui a porté lui-même "mes" péchés en son corps sur le bois, afin que mort aux péchés "je" vive pour la justice; lui par les meurtrissures duquel "j'ai" été guéri. 1 Pierre 2:24
>
> Celui qui n'a point connu le péché, il l'a fait devenir péché pour nous, afin que nous devenions en lui justice de Dieu. 2 Corinthiens 5:21

C'est ainsi que notre démarche de foi en Christ nous amènera à vivre en communion (ou union) avec Lui, comme l'écrit l'apôtre Paul :

> ... être trouvé en lui, non avec ma justice, celle qui vient de la loi, mais avec celle qui s'obtient par la foi en Christ, la justice qui vient de Dieu par la foi,
>
> Ainsi je connaîtrai Christ, et la puissance de sa résurrection, et la communion de ses souffrances, en devenant conforme à lui dans sa mort, pour parvenir, si je puis, à la résurrection d'entre les morts. Philippiens 3.

Chacun peut donc dire à Christ avec une entière confiance : Mon Sauveur !

Que l'œuvre expiatoire qui nous sauve de nos péchés eut été accomplie par le Seigneur Jésus-Christ à la croix, cela ne fait aucun doute, toute la Bible témoigne de cette réalité éternelle :

> En lui, nous avons la rédemption par son sang, le pardon des fautes selon la richesse de sa grâce, Ephésiens 1:7

Ce qui peut troubler certains c'est la difficulté qu'ils ont à entrer dans ce grand, éternel et merveilleux dessein de Dieu. Un disciple de Jésus, Thomas, a connu cette difficulté de croire en la résurrection de Christ, jusqu'au moment où le Seigneur s'est révélé à lui avec une grande bienveillance.

> Il dit à Thomas : Avance ici ton doigt, regarde mes mains, avance ta main et mets–la dans mon côté ! Ne sois pas un incroyant, deviens un homme de foi !
>
> Thomas lui répondit : Mon Seigneur, mon Dieu ! Jean 20.27

La foi est le moyen donné par Dieu pour recevoir et garder le salut qui nous est accordé gratuitement en Notre Seigneur Jésus-Christ. Le plus grand message de l'Évangile c'est le message de la Croix de Christ. 1 Corinthiens 1:22-25

La connaissance de Jésus, dont nous parlons maintenant, produit la foi en LUI, comme notre Sauveur personnel en qui nous avons une pleine confiance pour son secours dans tous nos besoins, dans toutes les choses qui concernent notre vie présente et à venir.

Nous avons tout pleinement en lui, Colossiens 2:10

C'est donc à lui que nous devons venir, en lui que nous devons croire, c'est son nom que nous devons invoquer pour être sauvés, pardonnés de nos péchés, guéris de nos maladies, délivrés du pouvoir du diable et des démons, avoir la vie éternelle, être abreuvés du Saint-Esprit, porter un fruit de justice et de sainteté, être finalement ressuscités et enlevés...

"En ce temps-là, Jésus prit la parole, et dit: Je te loue, Père, Seigneur du ciel et de la terre, de ce que tu as caché ces choses aux sages et aux intelligents, et de ce que tu les as révélées aux enfants. Oui, Père, je te loue de ce que tu l'as voulu ainsi.

Toutes choses m'ont été données par mon Père, et personne ne connaît le Fils, si ce n'est le Père; personne non plus ne connaît le Père, si ce n'est le Fils et celui à qui le Fils veut le révéler.

Venez à moi, vous tous qui êtes fatigués et chargés, et je vous donnerai du repos. Prenez mon joug sur vous et recevez mes instructions, car je suis doux et humble de cœur; et vous trouverez du repos pour vos âmes. Car mon joug est doux, et mon fardeau léger." Matthieu 11.25/30

Christ crucifié

Le message fondamental de la Bible, celui que nous retrouvons dans la bouche de tous les prophètes de l'Ancien Testament, comme dans la prédication des apôtres et disciples de Christ dans le Nouveau Testament c'est :

"Jésus-Christ et Jésus-Christ crucifié." 1 Corinthiens 1:17-25.

Car la prédication de la croix est une folie pour ceux qui périssent; mais pour nous qui sommes sauvés, elle est une puissance de Dieu.

Nous prêchons un Christ mis en croix. Les Juifs crient au scandale. Les Grecs, à l'absurdité.

Mais pour tous ceux que Dieu a appelés, qu'ils soient Juifs ou Grecs, ce Christ que nous prêchons manifeste la puissance et la sagesse de Dieu.

La réalité historique de la crucifixion de Jésus-Christ ne fait aucun doute, ce qui fait débat c'est "pourquoi" ? Les religieux d'Israël n'ont pas compris le sens de la mort du Christ sur la croix, ils attendaient un messie-roi et non un messie souffrant. Ils ont perçu sa crucifixion comme scandaleuse, la croix était alors un instrument de malédiction, selon qu'il est écrit dans la loi de Moïse : *"Celui qui est pendu est un objet de malédiction auprès de Dieu." Deutéronome 21:23.*

> *Christ nous a rachetés de la malédiction de la loi, étant devenu malédiction pour nous-car il est écrit: Maudit est quiconque est pendu au bois. Galates 3:13*

Ils n'ont pas compris que Jésus venait effectivement accomplir la prophétie, comme le serviteur de l'Éternel, annoncé par le prophète :

> *"Qui a cru à ce qui nous était annoncé? Qui a reconnu le bras de l'Éternel ? Il s'est élevé devant lui comme une faible plante, Comme un rejeton qui sort d'une terre desséchée; Il n'avait ni beauté, ni éclat pour attirer nos regards, Et son aspect n'avait rien pour nous plaire. Méprisé et abandonné des hommes, Homme de douleur et habitué à la souffrance, Semblable à celui dont on détourne le visage, Nous l'avons dédaigné, nous n'avons fait de lui aucun cas." Esaïe 53:1-3.*

Scandale pour les uns, folie pour d'autres, incompréhension pour la plupart, la croix de Christ renferme pour ceux qui croient le pouvoir du salut de Dieu.

> *"Nous prêchons Christ crucifié; scandale pour les Juifs et folie pour les païens, mais puissance de Dieu et sagesse de Dieu pour ceux qui sont appelés, tant Juifs que Grecs." 1 Corinthiens 2.23/24.*

Ce qui peut nous étonner c'est le choix de Dieu pour cette forme de supplice. Pourquoi la crucifixion ? Le fils de l'homme, Jésus, aurait pu subir la lapidation, châtiment courant pour le peuple juif. Il aurait pu être décapité ou subir une autre mort. Il a fallu qu'il subisse l'ignominie, la souffrance terrible, physique et morale de la croix, que les romains utilisaient pour supplicier les malfaiteurs et ceux qu'ils considéraient comme opposés au régime.

La crucifixion est le choix délibéré de Dieu pour le sacrifice de son fils, car elle comporte plusieurs aspects concernant l'œuvre de notre salut et elle a été clairement annoncée par les prophètes et tout particulièrement par David, dans le Psaume 22 :

> *"Et moi, je suis un ver et non un homme, L'opprobre des hommes et le méprisé du peuple. Tous ceux qui me voient se moquent de moi, Ils ouvrent la bouche, secouent la tête: Recommande-toi à l'Éternel ! L'Éternel le sauvera, Il le délivrera, puisqu'il l'aime! -Oui, tu m'as fait sortir du sein maternel, Tu m'as mis en sûreté sur les mamelles de ma mère; Dès le sein maternel j'ai été sous ta garde, Dès le ventre de ma mère tu as été mon Dieu. Ne t'éloigne pas de moi quand la détresse est proche, Quand personne ne vient à mon secours! De nombreux taureaux sont autour de moi, Des taureaux de Basan m'environnent. Ils ouvrent contre moi leur gueule, Semblables au lion qui déchire et rugit. Je suis comme de l'eau qui s'écoule, Et tous mes os se séparent; Mon cœur est comme de la cire, Il se fond dans mes entrailles. Ma force se dessèche comme l'argile, Et ma langue s'attache à mon palais; Tu me réduis à la poussière de la mort. Car des chiens m'environnent, Une bande de scélérats rôdent autour de moi, Ils ont percé mes mains et mes pieds. Je pourrais compter tous mes os. Eux, ils observent, ils me regardent; Ils se partagent mes vêtements, Ils tirent au sort ma tunique. Et toi, Éternel, ne t'éloigne pas! Toi qui es ma force, viens en hâte à mon secours !"*

Il y a dans les paroles du psalmiste une prophétie bouleversante de ce qui s'est produit lors de la crucifixion de Jésus. D'autres prophètes ont aussi annoncé la manière dont le Messie de Dieu devait mourir en expiant les péchés des hommes.

> *"Alors je répandrai sur la maison de David et sur les habitants de Jérusalem Un esprit de grâce et de supplication, Et ils tourneront les regards vers moi, celui qu'ils ont percé. Ils pleureront sur lui comme on pleure sur un fils unique, Ils pleureront amèrement sur lui comme on pleure sur un premier-né." Zacharie 12:10.*

> *"Des laboureurs ont labouré mon dos, Ils y ont tracé de longs sillons." Psaumes 129:3.*

Lorsque nous considérons les souffrances de Christ : moqueries, humiliations, coups, flagellation, couronne d'épines, foule haineuse et déchaînée, abandon de ses disciples et finalement la honte de la crucifixion, supplice habituellement réservé aux pires malfaiteurs, nous comprenons les paroles des prophètes qui parlent d'ignominie, d'humiliation, d'abaissement, d'un visage défiguré, de malédiction. La croix, avec tout ce qui a précédé la crucifixion, a été l'instrument de supplice qui pouvait le mieux convenir à un tel sacrifice pour le salut des pécheurs. Un sacrifice par lequel les péchés les plus horribles trouvent leur expiation.

En quoi la croix de Christ est-elle une puissance de Dieu ?

Si nous voulons comprendre le sens profond de la croix, il nous faut réaliser la gravité du péché dans ses conséquences. De même si nous voulons comprendre la gravité du péché il nous faut considérer l'intensité douloureuse des souffrances et de la mort de Jésus. La crucifixion de Jésus nous révèle :

. Les conséquences tragiques du péché,
. La nécessité d'une œuvre exceptionnelle pour les réparer.

Évidemment, cela ne peut apparaître qu'à quelqu'un qui croit, quelqu'un dont le cœur va être touché par la prédication du Christ crucifié : Galates 3:1.

A une époque où sont banalisés les péchés les plus graves, ne parlons pas des autres, nous devons acquérir la notion de la gravité de tout péché.

Le salaire, ce que mérite le péché, c'est la mort, non seulement la mort physique, avec son cortège de souffrances, de maladies, d'infirmités, mais surtout la mort spirituelle, la perdition éternelle, appelé dans l'Apocalypse "la seconde mort":

"L'étang de feu, c'est la seconde mort. Apocalypse 20:14.

"Mais pour les lâches, les incrédules, les abominables, les meurtriers, les impudiques, les enchanteurs, les idolâtres, et tous les menteurs, leur part sera dans l'étang ardent de feu et de soufre, ce qui est la seconde mort." Apocalypse 21:8

"Déjà, étant pécheurs par nature, nous sommes spirituellement morts par nos offenses et par nos péchés." Éphésiens 2:1.

"Vous étiez en ce temps-là sans Christ, privés du droit de cité en Israël, étrangers aux alliances de la promesse, sans espérance et sans Dieu dans le monde. Vous étiez éloignés..." Éphésiens 2:12.

La sentence est sans appel : *"Le salaire du péché, c'est la mort."* Romains 6:23.

Et elle s'applique à tous sans exception : *"Car tous ont péché et sont privés de la gloire de Dieu."* Romains 3:23.

> *"Car nous avons déjà prouvé que tous, Juifs et Grecs, sont sous l'empire du péché, selon qu'il est écrit: Il n'y a point de juste, Pas même un seul."* Romains 3:9-10.

De plus il est aussi écrit, et c'est le constat divin, que le prix du rachat de notre vie est trop cher pour que nous puissions l'acquitter :

> *"Mais aucun homme n'a les moyens de racheter à Dieu la vie d'un autre homme ou de lui verser le prix de sa propre vie. Le prix de leur vie est trop cher à payer, il faut y renoncer une fois pour toutes."* Psaume 49:7-8 (version Bible en français courant).

Seul un sacrifice d'une valeur exceptionnelle a pu payer le prix de notre rachat. Ce sacrifice exceptionnel c'est la vie même du fils Dieu, l'agneau de Dieu, sans péché, sans défaut, sans tache.

> *"Ce n'est pas par des choses périssables, par de l'argent ou de l'or, que vous avez été rachetés de la vaine manière de vivre que vous aviez héritée de vos pères, mais par le sang précieux de Christ, comme d'un agneau sans défaut et sans tache."* 1 Pierre 1:18,19.

Lorsqu'il est entré dans le monde, comme le fils de l'homme, le Christ a bien précisé qu'aucun autre sacrifice, aucune autre offrande, que le sacrifice et l'offrande de sa propre vie, ne pouvait suffire au rachat de nos âmes.

> *"C'est pourquoi Christ, entrant dans le monde, dit: Tu n'as voulu ni sacrifice ni offrande, Mais tu m'as formé un corps; Tu n'as agréé ni holocaustes ni sacrifices pour le péché. Alors j'ai dit: Voici, je viens Dans le rouleau du livre il est question de moi Pour faire, ô Dieu, ta volonté. Après avoir dit d'abord: Tu n'as voulu et tu n'as agréé ni sacrifices ni offrandes, Ni holocaustes ni sacrifices pour le péché ce qu'on offre selon la*

loi, il dit ensuite: Voici, je viens Pour faire ta volonté. Il abolit ainsi la première chose pour établir la seconde.

C'est en vertu de cette volonté que nous sommes sanctifiés, par l'offrande du corps de Jésus-Christ, une fois pour toutes." Hébreux 10:5-10.

La croix de Jésus-Christ est une œuvre de rédemption, d'expiation, de justification, de délivrance et de réconciliation.

- Un sacrifice de rédemption

C'est le prix payé par Jésus pour notre rachat. Nous étions vendus, esclaves du péché auquel nous nous sommes livrés.

"Nous savons, en effet, que la loi est spirituelle; mais moi, je suis charnel, vendu au péché." Romains 7:14.

"Vous étiez morts par vos offenses et par vos péchés, dans lesquels vous marchiez autrefois, selon le train de ce monde, selon le prince de la puissance de l'air, de l'esprit qui agit maintenant dans les fils de la rébellion. Nous tous aussi, nous étions de leur nombre, et nous vivions autrefois selon les convoitises de notre chair, accomplissant les volontés de la chair et de nos pensées, et nous étions par nature des enfants de colère, comme les autres..." Éphésiens 2.1.

Nous étions, par le péché, tombés sous le pouvoir du diable et des puissances des ténèbres. Nous étions destinés au châtiment éternel. Alors par son sacrifice sur la croix, Jésus nous a rachetés, délivrés de nos péchés, du diable et de toutes les puissances de l'enfer.

"En lui nous avons la rédemption par son sang, la rémission des péchés, selon la richesse de sa grâce..." Éphésiens 1:7.

"A celui qui nous aime, qui nous a délivrés de nos péchés par son sang, et qui a fait de nous un royaume, des sacrificateurs pour Dieu son Père, à lui soient la gloire et la puissance, aux siècles des siècles! Amen!" Apocalypse 1:5.

La rédemption c'est un acte de délivrance, de libération. Jésus nous a réellement délivrés, libérés du pouvoir de condamnation et de domination du péché et de ses conséquences. Il y a dans les souffrances de Christ un pouvoir infinie de restauration pour celui qui croit en lui.

> *"Cependant, ce sont nos souffrances qu'il a portées, C'est de nos douleurs qu'il s'est chargé; Et nous l'avons considéré comme puni, Frappé de Dieu, et humilié. Mais il était blessé pour nos péchés, Brisé pour nos iniquités; Le châtiment qui nous donne la paix est tombé sur lui, Et c'est par ses meurtrissures que nous sommes guéris." Esaïe 53:4,5.*

> *"Lui qui a porté lui-même nos péchés en son corps sur le bois, afin que morts aux péchés nous vivions pour la justice; lui par les meurtrissures duquel vous avez été guéris." 1 Pierre 2:24,25.*

> *"Le soir, on amena auprès de Jésus plusieurs démoniaques. Il chassa les esprits par sa parole, et il guérit tous les malades, afin que s'accomplît ce qui avait été annoncé par Esaïe, le prophète: Il a pris nos infirmités, et il s'est chargé de nos maladies." Matthieu 8:16.*

La croix de Christ a été le lieu où Jésus a détruit tout ce qui nous condamnait, tout ce qui nous oppressait, nous liait, nous asservissait, nous courbait : le pouvoir du péché, le pouvoir de la maladie et des infirmités, le pouvoir démoniaque, la crainte de la mort et finalement la mort elle-même.

- Un sacrifice d'expiation

Nous devons encore comprendre que les fautes doivent être expiées, un châtiment doit être infligé au coupable. Nous trouvons cela aussi dans les lois des hommes et il ne vient à personne l'idée que c'est injuste, au contraire.

Sur le plan spirituel, nos péchés doivent aussi être expiés par un châtiment et ce châtiment que nous devrions subir est tombé sur un autre. C'est le principe de la substitution :

> *"Méprisé et abandonné des hommes, Homme de douleur et habitué à la souffrance, Semblable à celui dont on détourne le visage, Nous l'avons dédaigné, nous n'avons fait de lui aucun cas. Cependant, ce sont nos souffrances qu'il a portées, C'est de nos douleurs qu'il s'est chargé; Et*

> *nous l'avons considéré comme puni, Frappé de Dieu, et humilié. Mais il était blessé pour nos péchés, Brisé pour nos iniquités; Le châtiment qui nous donne la paix est tombé sur lui, Et c'est par ses meurtrissures que nous sommes guéris. Nous étions tous errants comme des brebis, Chacun suivait sa propre voie; Et l'Éternel a fait retomber sur lui l'iniquité de nous tous." Esaïe 53:3*

> *"Vous qui étiez morts par vos offenses et par l'incirconcision de votre chair, il vous a rendus à la vie avec lui, en nous faisant grâce pour toutes nos offenses; il a effacé l'acte dont les ordonnances nous condamnaient et qui subsistait contre nous, et il l'a détruit en le clouant à la croix; il a dépouillé les dominations et les autorités, et les a livrées publiquement en spectacle, en triomphant d'elles par la croix." Colossiens 2:13.*

Si nous doutons encore de l'amour de Dieu rappelons cette parole :

"Mais Dieu prouve son amour envers nous, en ce que, lorsque nous étions encore des pécheurs, Christ est mort pour nous." Romains 5:8.

- Un sacrifice de justification

Nous sommes toujours dans le principe de la substitution :

> *"Christ aussi a souffert une fois pour les péchés, lui juste pour des injustes, afin de nous amener à Dieu, ayant été mis à mort quant à la chair, mais ayant été rendu vivant quant à l'Esprit." 1 Pierre 3:18.*

> *"Celui qui n'a point connu le péché, il l'a fait devenir péché pour nous, afin que nous devenions en lui justice de Dieu." 2 Corinthiens 5:21*

Nous savons ce qu'est "être justifié", lorsque le coupable est blanchi de la faute qui lui était imputée. En ce qui concerne notre situation devant Dieu, nous sommes réellement coupables et il est pratiquement impossible de paraître justes. Si vous n'en êtes pas persuadés, écoutez ce que dit Dieu :

> *"Quoi donc! sommes-nous plus excellents? Nullement. Car nous avons déjà prouvé que tous, Juifs et Grecs, sont sous l'empire du péché, selon qu'il est écrit: Il n'y a point de juste, Pas même un seul; nul n'est*

intelligent, nul ne cherche Dieu. Tous sont égarés, tous sont pervertis; Il n'en est aucun qui fasse le bien, Pas même un seul selon qu'il est écrit: Il n'y a point de juste, Pas même un seul." Romains 3:9-12.

Être justifié, c'est être blanchi, lavé. Or Dieu nous dit que nous sommes justifiés au moyen du Sang de Jésus-Christ.

"Ils sont gratuitement justifiés par sa grâce, par le moyen de la rédemption qui est en Jésus-Christ." Romains 3:24.

A plus forte raison donc, maintenant que nous sommes justifiés par son sang, serons-nous sauvés par lui de la colère." Romains 5:9.

"Le sang de Jésus Christ, le fils de Dieu, nous purifie de tout péché." 1 Jean 1:7.

"Le sang de Christ, qui, par un esprit éternel, s'est offert lui-même sans tache à Dieu, purifiera votre conscience des oeuvres mortes, afin que vous serviez le Dieu vivant!" Hébreux 9:14.

Et il me dit: Ce sont ceux qui viennent de la grande tribulation; ils ont lavé leurs robes, et ils les ont blanchies dans le sang de l'agneau." Apocalypse 7:14.

L'acte dont les ordonnances nous condamnaient et qui subsistait contre nous a été détruit, cloué à la croix... Ainsi tous les éléments d'accusation qui pouvaient être utilisés par un quelconque accusateur ont été détruits !

C'est pourquoi, les puissances, les dominations et le diable lui-même n'ont plus le pouvoir de nous accuser devant le trône de Dieu...

"Christ a effacé l'acte dont les ordonnances nous condamnaient et qui subsistait contre nous, et il l'a détruit en le clouant à la croix; il a dépouillé les dominations et les autorités, et les a livrées publiquement en spectacle, en triomphant d'elles par la croix". Colossiens 2:13.

"Il n'y a donc maintenant aucune condamnation pour ceux qui sont en Jésus-Christ..." Romains 8:1.

> *Qui accusera les élus de Dieu? C'est Dieu qui justifie!*
>
> *Qui les condamnera? Christ est mort; bien plus, il est ressuscité, il est à la droite de Dieu, et il intercède pour nous! Romains 8.33*

- Un sacrifice de réconciliation.

Il faut savoir que le péché rend ennemi de Dieu :

> *"Dieu a voulu par lui réconcilier tout avec lui-même, tant ce qui est sur la terre que ce qui est dans les cieux, en faisant la paix par lui, par le sang de sa croix. Et vous, qui étiez autrefois étrangers et ennemis par vos pensées et par vos mauvaises œuvres, il vous a maintenant réconciliés par sa mort dans le corps de sa chair, pour vous faire paraître devant lui saints, irrépréhensibles et sans reproche, si du moins vous demeurez fondés et inébranlables dans la foi, sans vous détourner de l'espérance de l'Évangile que vous avez entendu, qui a été prêché à toute créature sous le ciel". Colossiens 1:20.*

Par sa nature souillée, le péché nous sépare de Dieu qui est saint. C'est une notion dont nous devrions être conscients, celle de la sainteté de Dieu et de notre propre souillure.

> *"Souvenez-vous que vous étiez en ce temps-là sans Christ, privés du droit de cité en Israël, étrangers aux alliances de la promesse, sans espérance et sans Dieu dans le monde. Mais maintenant, en Jésus-Christ, vous qui étiez jadis éloignés, vous avez été rapprochés par le sang de Christ." Éphésiens 2:12,13.*
>
> *"Nous pouvons maintenant nous approcher de Dieu avec confiance, car nous avons au moyen du sang de Jésus une libre entrée dans la présence de Dieu." Hébreux 10:19.*

La croix de Jésus-Christ est le moyen choisi par Dieu pour faire l'expiation de nos péchés, afin de purifier par son sang ceux qui croient en LUI. C'est l'unique moyen de salut… on ne peut pas le remplacer ou lui associer quelque chose d'autre. Il n'y a de salut en aucun autre qu'en Jésus.

> *Il n'y a de salut en aucun autre; car il n'y a sous le ciel aucun autre nom qui ait été donné parmi les hommes, par lequel nous devions être sauvés. Actes 4:12*

Les œuvres et les offrandes que nous pourrions faire, les sacrifices ou les souffrances que nous pourrions endurés, ne peuvent nous sauver.

> *Car c'est par la grâce que vous êtes sauvés, par le moyen de la foi. Et cela ne vient pas de vous, c'est le don de Dieu.*
>
> *Ce n'est point par les œuvres, afin que personne ne se glorifie. Ephésiens 2.8*

Nous l'avons compris le sacrifice de Jésus-Christ sur la croix est l'œuvre unique de salut, de rédemption, de délivrance, de justification, de réconciliation avec Dieu, dans laquelle il nous faut croire et cette glorieuse réalité est offerte à tous.

> *"Il est lui-même une victime expiatoire pour nos péchés, non seulement pour les nôtres, mais aussi pour ceux du monde entier." 1 Jean 2:2.*
>
> *"Nous avons été été lavés, mais nous avons été sanctifiés, mais nous avons été justifiés au nom du Seigneur Jésus-Christ, et par l'Esprit de notre Dieu." 1 Corinthiens 6:11.*

C'est pourquoi la prédication de Jésus-Christ crucifié est une puissance de Dieu car elle produit dans le cœur de ceux qui l'entendent la foi au moyen de laquelle nous recevons le salut. Romains 10:10-17.

L'Évangile, lorsqu'il est correctement annoncé, est réellement *"une puissance de Dieu pour le salut de quiconque croit ... parce qu'en lui est révélée la justice de Dieu par la foi et pour la foi, selon qu'il est écrit : Le juste vivra par la foi." Romains 1:16,17.*

Tant que nous demeurons fondés et inébranlables dans la foi, et que nous ne nous détournons pas de l'espérance de l'Évangile, nous sommes assurés de trouver dans le sacrifice du Seigneur Jésus-Christ, une parfaite réconciliation avec Dieu afin qu'il puisse *"nous faire paraître devant lui, saints, irrépréhensibles et sans reproche." Colossiens 1:20.*

Que le Seigneur ouvre les yeux de notre cœur afin que nous comprenions le sens et la valeur de son sacrifice sur la croix et dire avec l'apôtre :

"Si je vis maintenant dans la chair, je vis dans la foi au Fils de Dieu, qui m'a aimé et qui s'est livré lui-même pour moi." Galates 2:20.

5) Jésus-Christ est ressuscité

Chaque année on célèbre la fête de Pâque dans les églises chrétiennes pour rappeler la résurrection du Seigneur Jésus-Christ, la semaine qui précède étant consacrée à commémorer sa passion, rappelant ses souffrances et sa mort sur la croix.

A l'origine, la Pâque est une fête juive, ordonnée par l'Eternel à Israël en souvenir de la nuit où un agneau fut immolé et son sang appliqué sur les linteaux de la porte de chaque maison des Israélites, afin de les protéger de l'ange destructeur, qui devait passer dans les maisons des Egyptiens. C'est aussi cette nuit là que le peuple d'Israël quitta le pays d'Egypte et passa la mer rouge, en route vers le pays de la promesse. Le mot pâque signifie "passage" et la fête célébrée par les juifs rappelle leur délivrance de leur esclavage en Egypte.

Dans une de ses lettres aux disciples de Corinthe, l'apôtre Paul parle d'une autre fête pour ceux qui ont cru en Jésus, d'un autre agneau immolé pour une autre rédemption et un autre passage, celui qui consiste à passer des ténèbres à la lumière, de la mort à la vie, de la puissance de Satan à Dieu.

> *Faites disparaître le vieux levain, afin que vous soyez une pâte nouvelle, puisque vous êtes sans levain, car Christ, notre Pâque, a été immolé.*
>
> *Célébrons donc la fête, non avec du vieux levain, non avec un levain de malice et de méchanceté, mais avec les pains sans levain de la pureté et de la vérité. 1 Corinthiens 5.7,8*

La mort de Christ sur la croix et sa résurrection sont pour ceux qui croient en Lui, les fondements de leur foi, selon ce qu'écrit encore l'apôtre Paul :

> *Je vous ai enseigné avant tout, comme je l'avais aussi reçu, que Christ est mort pour nos péchés, selon les Ecritures; qu'il a été enseveli, et qu'il est ressuscité le troisième jour, selon les Ecritures. 1 Corinthiens 15.3*
>
> *Nous qui croyons en celui qui a ressuscité des morts Jésus notre Seigneur, lequel a été livré pour nos offenses, et est ressuscité pour notre justification.*
>
> *Etant donc justifiés par la foi, nous avons la paix avec Dieu par notre*

Seigneur Jésus-Christ, à qui nous devons d'avoir eu par la foi accès à cette grâce, dans laquelle nous demeurons fermes, et nous nous glorifions dans l'espérance de la gloire de Dieu. Romains 4.24 - 5.1,2

Hélas pour beaucoup, Pâque est devenue une fête traditionnelle et commerciale (la fête du chocolat : œufs, poissons, poules, lapins, cloches, etc. autant de choses liées à des croyances religieuses et des superstitions païennes).

Beaucoup de fêtes "chrétiennes" ressemblent par certains côtés à des fêtes païennes dont l'objet principal est l'amusement, le manger et le boire, accompagnant des cérémonies religieuses idolâtres. La plupart des gens sont dans une complète ignorance d'une quelconque réalité spirituelle. Que veut dire pour eux Noël, Pâque, Ascension, Pentecôte ? Sinon des jours fériés, de congés, de réunions familiales et festives.

Et pourtant que de grande vérités pourrions nous rappeler lors de ces occasions : la naissance du fils de Dieu venu dans le monde pour sauver les pécheurs, ses souffrances et sa mort sur la croix pour expier nos péchés et sa résurrection glorieuse, son élévation au ciel près du Père où il intercède pour nous et d'où il reviendra pour enlever et rassembler ses disciples auprès de lui, et enfin la venue de l'Esprit Saint avec puissance, remplissant de force et de hardiesse des hommes et des femmes ordinaires pour en faire des témoins ardents du Seigneur Jésus-Christ.

Il est vivant

Ils venaient de vivre un peu plus de trois années exceptionnelles, ces hommes et ces femmes qui avaient répondu à l'appel du Maître. Ils s'étaient attachés à Lui, l'avaient suivi partout en Judée, en Galilée et en Samarie. Ils avaient été témoins de miracles, de guérisons, de délivrances extraordinaires, de sermons exaltants, merveilleux et surréalistes, témoins de l'impossible accompli chaque jour, du surnaturel au quotidien, mais parfois aussi de la haine des castes religieuses et des nantis du pays. Ils l'aimaient leur Rabbi, leur guide, leur Seigneur, leur Dieu.

Et voilà que depuis trois jours ces mêmes hommes et femmes étaient plongés dans une détresse profonde, désespérés, apeurés, dans un doute affreux. Leur Messie avait été mis à mort comme un criminel, un brigand, condamné au supplice le plus infâme, le plus humiliant, le supplice et la mort des maudits : crucifié, pendu au bois. Ils ne comprenaient plus.

Il avait bien dit qu'Il ressusciterait, mais voilà déjà trois jours qu'il était dans ce froid tombeau et rien ne s'était produit. Alors certains s'en retournaient chez eux, à Emmaüs. Quelques femmes fidèles, en proie à un profond chagrin, s'affairaient à préparer l'embaumement du corps de leur maitre. Les autres disciples restaient enfermés, paralysés par la peur des juifs acharnés à détruire toute trace de ce rabbi qu'ils avaient maudit. Le plus grand nombre de ceux qui l'avaient suivi un temps, guéris ou bénis par lui, s'étaient dispersés.

Puis soudain après ces trois jours de ténèbres et de froid, au matin du premier jour de la semaine, une lumière d'un éclat insoutenable illuminait le noir tombeau où reposait le corps inanimé, meurtri, brisé, de Jésus. A cet instant, l'Esprit de Dieu est descendu là, manifestant sa puissance infinie pour ressusciter le Christ, non comme Lazare ou le fils de la veuve de Naïm, mais d'une résurrection glorieuse, transformant le corps de chair de Jésus en un corps spirituel et glorieux, affranchi des limites des lois physiques naturelles.

Alors avant même que la pierre soit roulée, le Fils de Dieu est sorti victorieusement de son tombeau, car il était impossible que la mort le retienne captif.

> *Dieu l'a ressuscité, en le délivrant des liens de la mort, parce qu'il n'était pas possible qu'il fût retenu par elle. Actes 2:24*

Ressuscité par la puissance de Dieu

La résurrection de Jésus est d'une autre dimension, infiniment plus grande que toutes les résurrections dont la Bible parle. Lors de sa résurrection, le fils de Dieu a revêtu la gloire dont il s'était dépouillée en venant sur la terre comme un simple homme.

> *Jésus-Christ qui existait en forme de Dieu, n'a point regardé comme une proie à arracher d'être égal avec Dieu, mais s'est dépouillé lui-même, en prenant une forme de serviteur, en devenant semblable aux hommes; et ayant paru comme un simple homme, il s'est humilié lui-même, se rendant obéissant jusqu'à la mort, même jusqu'à la mort de la croix.*
>
> *C'est pourquoi aussi Dieu l'a souverainement élevé, et lui a donné le nom qui est au-dessus de tout nom, afin qu'au nom de Jésus tout genou fléchisse dans les cieux, sur la terre et sous la terre, et que toute langue confesse que Jésus-Christ est Seigneur, à la gloire de Dieu le Père. Philippiens 2.6-11*

Celui qui a été abaissé pour un peu de temps au-dessous des anges, Jésus, nous le voyons couronné de gloire et d'honneur à cause de la mort qu'il a soufferte, afin que, par la grâce de Dieu, il souffrît la mort pour tous. Hébreux 2:9

Dans ses lettres, l'apôtre Paul parle d'une résurrection glorieuse que vivront ceux et celles qui appartiennent au Seigneur Jésus-Christ. Ils connaitront la même gloire que leur Seigneur.

Et si l'Esprit de celui qui a ressuscité Jésus d'entre les morts habite en vous, celui qui a ressuscité Christ d'entre les morts rendra aussi la vie à vos corps mortels par son Esprit qui habite en vous. Romains 8:11

Nous devrions considérer l'incomparable puissance que Dieu a manifestée en ressuscitant le Seigneur Jésus-Christ, afin d'être encouragés dans notre marche terrestre avec Lui.

... que le Dieu de notre Seigneur Jésus-Christ, le Père de gloire, vous donne un esprit de sagesse et de révélation, dans sa connaissance,

et qu'il illumine les yeux de votre cœur, pour que vous sachiez quelle est l'espérance qui s'attache à son appel, quelle est la richesse de la gloire de son héritage qu'il réserve aux saints,

et quelle est envers nous qui croyons l'infinie grandeur de sa puissance, se manifestant avec efficacité par la vertu de sa force.

Il l'a déployée en Christ, en le ressuscitant des morts, et en le faisant asseoir à sa droite dans les lieux célestes, au-dessus de toute domination, de toute autorité, de toute puissance, de toute dignité, et de tout nom qui se peut nommer, non seulement dans le siècle présent, mais encore dans le siècle à venir.

Il a tout mis sous ses pieds, et il l'a donné pour chef suprême à l'Eglise, qui est son corps, la plénitude de celui qui remplit tout en tous. Ephésiens 1.15-23

Ce jour là, le premier jour de la semaine au petit matin, alors que dans une profonde tristesse elles venaient embaumer le corps de leur Maître aimé, des femmes proches de Jésus, entendirent de la bouche des anges cette nouvelle incroyable : *Vous cherchez Jésus de Nazareth ? Il n'est point ici, il est ressuscité ! Ne cherchez pas parmi les morts, Celui qui est vivant !*

Comme il est bon et édifiant de lire et relire les récits de la résurrection de Jésus de Nazareth, racontée par ses fidèles témoins.

> *Après le sabbat, à l'aube du premier jour de la semaine, Marie de Magdala et l'autre Marie allèrent voir le sépulcre.*
>
> *Et voici, il y eut un grand tremblement de terre; car un ange du Seigneur descendit du ciel, vint rouler la pierre, et s'assit dessus.*
>
> *Son aspect était comme l'éclair, et son vêtement blanc comme la neige.*
>
> *Les gardes tremblèrent de peur, et devinrent comme morts.*
>
> *Mais l'ange prit la parole, et dit aux femmes: Pour vous, ne craignez pas; car je sais que vous cherchez Jésus qui a été crucifié.*
>
> *Il n'est point ici; il est ressuscité, comme il l'avait dit. Venez, voyez le lieu où il était couché, et allez promptement dire à ses disciples qu'il est ressuscité des morts. Et voici, il vous précède en Galilée: c'est là que vous le verrez. Voici, je vous l'ai dit.*
>
> *Elles s'éloignèrent promptement du sépulcre, avec crainte et avec une grande joie, et elles coururent porter la nouvelle aux disciples.*
>
> *Et voici, Jésus vint à leur rencontre, et dit: Je vous salue. Elles s'approchèrent pour saisir ses pieds, et elles se prosternèrent devant lui.*
>
> *Alors Jésus leur dit: Ne craignez pas; allez dire à mes frères de se rendre en Galilée: c'est là qu'ils me verront. Matthieu 28.1-10*

Ainsi parvint aux disciples qui pleuraient et s'affligeaient, la bonne nouvelle de la résurrection de leur Seigneur.

Après deux mille ans d'histoire d'une Eglise tantôt glorieuse, tantôt malmenée, souvent formaliste et endormie, la bonne nouvelle retentit toujours :

Jésus-Christ est ressuscité, il est vivant, il est présent là où deux ou trois se rassemblent pour lui et avec chacun de ceux qui lui appartiennent.

Cependant, comme les premiers disciples nous sommes lents à croire au message de ceux qui l'ont vu et qui nous ont raconté cet événement glorieux. Nos yeux sont tellement obscurcis par les choses de la vie terrestre que nous ne percevons pas la grande puissance et l'admirable lumière dont est enveloppé Celui qui nous accompagne tous les jours, comme il l'a lui-même promis.

> *Jésus, s'étant approché, leur parla ainsi: Tout pouvoir m'a été donné dans le ciel et sur la terre.*
>
> *Allez, faites de toutes les nations des disciples, les baptisant au nom du Père, du Fils et du Saint-Esprit, et enseignez-leur à observer tout ce que je vous ai prescrit. Et voici, je suis avec vous tous les jours, jusqu'à la fin du monde. Matthieu 28.19,20*

La résurrection du Seigneur Jésus-Christ est partie intégrante du message de l'Evangile que les apôtres et les premiers disciples annonçaient. Paul va même jusqu'à dire que si Christ n'est pas ressuscité notre foi est vaine.

> *Je vous rappelle, frères, l'Evangile que je vous ai annoncé, que vous avez reçu, dans lequel vous avez persévéré, et par lequel vous êtes sauvés, si vous le retenez tel que je vous l'ai annoncé; autrement, vous auriez cru en vain.*
>
> *Je vous ai enseigné avant tout, comme je l'avais aussi reçu, que Christ est mort pour nos péchés, selon les Ecritures; qu'il a été enseveli, et qu'il est ressuscité le troisième jour, selon les Ecritures; et qu'il est apparu à Céphas, puis aux douze.*
>
> *Ensuite, il est apparu à plus de cinq cents frères à la fois, dont la plupart sont encore vivants, et dont quelques-uns sont morts. Ensuite, il est apparu à Jacques, puis à tous les apôtres.*
>
> *Après eux tous, il m'est aussi apparu à moi, comme à l'avorton; car je suis le moindre des apôtres, je ne suis pas digne d'être appelé apôtre, parce que j'ai persécuté l'Eglise de Dieu.*

> *Par la grâce de Dieu je suis ce que je suis, et sa grâce envers moi n'a pas été vaine; loin de là, j'ai travaillé plus qu'eux tous, non pas moi toutefois, mais la grâce de Dieu qui est avec moi.*
>
> *Ainsi donc, que ce soit moi, que ce soient eux, voilà ce que nous prêchons, et c'est ce que vous avez cru.*
>
> *Or, si l'on prêche que Christ est ressuscité des morts, comment quelques-uns parmi vous disent-ils qu'il n'y a point de résurrection des morts? S'il n'y a point de résurrection des morts, Christ non plus n'est pas ressuscité.*
>
> **Et si Christ n'est pas ressuscité, votre foi est vaine, vous êtes encore dans vos péchés,** *et par conséquent aussi ceux qui sont morts en Christ sont perdus.*
>
> *Si c'est dans cette vie seulement que nous espérons en Christ, nous sommes les plus malheureux de tous les hommes.*
>
> *Mais maintenant, Christ est ressuscité des morts, il est les prémices de ceux qui sont morts. 1 Corinthiens 15.1/20*

En lisant ce long passage que j'ai voulu citer entièrement, nous remarquons combien la résurrection de Christ est importante, en particulier pour l'objectif final de notre foi : notre propre résurrection.

Jésus est vivant, c'est glorieusement vrai, mais quelle incidence cette vérité a-t-elle dans nos vies ?

La résurrection du Seigneur Jésus-Christ est un fait incontestable, établi comme un fondement de la foi chez tous les chrétiens. Cependant, nous n'en comprenons pas toujours toute la portée.

Pendant une semaine chaque année, il est particulièrement question, dans les milieux chrétiens de toutes les dénominations, de la passion et de la résurrection du Seigneur Jésus-Christ. Le dimanche de Pâque on lit dans toutes les églises les passages de l'Evangile qui proclament la résurrection de Jésus-Christ.

S'il est bon que ces choses soient rappelées, c'est encore mieux d'en réaliser l'importance, le sens et l'actualité constante dans notre vie quotidienne d'enfants de Dieu et de disciples de Christ.

Le Seigneur dans lequel nous croyons et que nous suivons est vivant, et chaque matin nous devrions saluer sa présence et son action dans nos vies. Il est le soleil de justice qui se lève sur tous ceux qui dans le monde entier l'on reçu comme leur Sauveur et Seigneur, leur apportant le salut, le secours et la guérison.

> *Mais pour vous qui craignez mon Nom, le soleil de justice brillera, avec la guérison dans ses rayons ; vous sortirez en bondissant comme des veaux à l'engrais. Malachie 4:2*

Jésus nous a assuré de sa présence quotidienne : *Et voici, je suis avec vous tous les jours, jusqu'à la fin du monde. Matthieu 28:20*

Le témoignage que nous en communique son Esprit remplit notre cœur de paix et de joie. Mais aussi d'une glorieuse et vivante espérance dans notre propre résurrection.

> *Et si l'Esprit de celui qui a ressuscité Jésus d'entre les morts habite en vous, celui qui a ressuscité Christ d'entre les morts rendra aussi la vie à vos corps mortels par son Esprit qui habite en vous. Romains 8:11*

> *Bien-aimés, nous sommes maintenant enfants de Dieu, et ce que nous serons n'a pas encore été manifesté; mais nous savons que, lorsque cela sera manifesté, nous serons semblables à lui, parce que nous le verrons tel qu'il est. Quiconque a cette espérance en lui se purifie, comme lui-même est pur. 1 Jean 3.2*

Lisons pour conclure ce chapitre ce qu'à écrit l'apôtre Pierre :

> *Béni soit Dieu, le Père de notre Seigneur Jésus-Christ, qui, selon sa grande miséricorde, nous a régénérés, pour une espérance vivante, par la résurrection de Jésus-Christ d'entre les morts, pour un héritage qui ne se peut ni corrompre, ni souiller, ni flétrir, lequel vous est réservé dans les cieux, à vous qui, par la puissance de Dieu, êtes gardés par la foi pour le salut prêt à être révélé dans les derniers temps!*

> *C'est là ce qui fait votre joie, quoique maintenant, puisqu'il le faut, vous soyez attristés pour un peu de temps par diverses épreuves, afin que l'épreuve de votre foi, plus précieuse que l'or périssable qui cependant est éprouvé par le feu, ait pour résultat la louange, la gloire et l'honneur, lorsque Jésus-Christ apparaîtra, lui que vous aimez sans l'avoir vu, en qui*

vous croyez sans le voir encore, vous réjouissant d'une joie ineffable et glorieuse, parce que vous obtiendrez le salut de vos âmes pour prix de votre foi. 1 Pierre 1.3-9

6) Christ est le Seigneur

Dans la recherche de la connaissance de Christ, il y a des éléments qui nous aident à mieux découvrir qui il est, ce sont les noms qui lui sont donnés. Comme pour le Père, ses noms sont significatifs car ils indiquent les différents traits de sa personnalité et de son ministère en notre faveur.

Dans les chapitres précédents il a été question de Jésus crucifié, celui qui sauve, puis du Christ ressuscité. Examinons maintenant le nom qui le présente comme Celui qui est au dessus de toutes choses, à qui tout pouvoir a été donné : Christ "Le Seigneur".

> *C'est pourquoi aussi Dieu l'a souverainement élevé, et lui a donné le nom qui est au-dessus de tout nom, afin qu'au nom de Jésus tout genou fléchisse dans les cieux, sur la terre et sous la terre, et que toute langue confesse que Jésus-Christ est Seigneur, à la gloire de Dieu le Père.*
> Philippiens 2.9/10

Lorsque nous pensons à Jésus-Christ, nous le voyons comme le Sauveur ressuscité, assis à la droite de Dieu dans le ciel. Nous croyons qu'il est réellement vivant et nous proclamons qu'il est toujours le même en fonction de ce que nous avons appris de Lui dans les Évangiles. Cependant nous devons savoir et prendre en considération toute la gloire, la puissance, le pouvoir ou l'autorité, dont il est revêtu.

> *Il est l'image du Dieu invisible, le premier-né de toute la création.*
>
> *Car en lui ont été créées toutes les choses qui sont dans les cieux et sur la terre, les visibles et les invisibles, trônes, dignités, dominations, autorités. Tout a été créé par lui et pour lui.*
>
> *Il est avant toutes choses, et toutes choses subsistent en lui. Colossiens 1.15*

Dans le livre de l'Apocalypse, Jean l'ancien décrit la vision du Seigneur Jésus-Christ :

> *Et je vis, au milieu du trône et des quatre êtres vivants et au milieu des vieillards, un agneau qui était là comme immolé. Il avait sept cornes et sept yeux, qui sont les sept esprits de Dieu envoyés par toute la terre.*
> Apocalypse 5:6

Il faut souligner ce dernier aspect : *"Il avait sept cornes et sept yeux, qui sont les sept esprits de Dieu"*

Les sept cornes sont le symbole ou le signe de la plénitude, de la force, de la puissance, de l'autorité. Les sept yeux indiquent la plénitude de la connaissance et de la sagesse divine.

> *Car Dieu a voulu que toute plénitude habitât en lui. Colossiens 1:19*
>
> *Car en lui habite corporellement toute la plénitude de la divinité.*
>
> *Vous avez tout pleinement en lui, qui est le chef de toute domination et de toute autorité. Colossiens 2.9*

Il est important que nous comprenions et que nous soyons persuadés que Christ est Souverain, qu'il est Seigneur, qu'il domine sur tout, comme l'apôtre Paul l'a répété à plusieurs reprises :

> *Dieu a déployé la grandeur de sa puissance en en Christ, en le ressuscitant des morts, et en le faisant asseoir à sa droite dans les lieux célestes, au-dessus de toute domination, de toute autorité, de toute puissance, de toute dignité, et de tout nom qui se peut nommer, non seulement dans le siècle présent, mais encore dans le siècle à venir.*
>
> *Il a tout mis sous ses pieds, et il l'a donné pour chef suprême à l'Eglise, qui est son corps, la plénitude de celui qui remplit tout en tous. Ephésiens 3.20*

Dans l'Ancien Testament, le mot hébreu pour "Seigneur" est "Adonaï". C'est le mot qui traduit le nom de Dieu "YHVH, ou Yahvé", que les juifs ne doivent pas prononcer, tellement ils le considèrent comme saint ou sacré.

Dans le Nouveau Testament, "Seigneur" est la traduction du mot grec "Kurios", il est l'équivalent de "Adonaï".

Quel nom devons nous donner à Christ ?

Certains enseignent qu'il faut absolument appeler Jésus par son nom en hébreu : "yechoua", qui signifie "YHWH sauve !".

Jésus est encore appelé par d'autres noms : Christ qui signifie "oint", Emmanuel qui veut dire "Dieu avec nous", et le plus souvent Jésus-Christ ou le Seigneur Jésus-Christ.

La Bible a été traduite en plus de 2000 langues et dans chacune le nom de Jésus se prononce différemment. Nous pouvons trouver que certaines langues expriment le sens des mots avec plus de force. Cependant, il n'est pas nécessaire d'utiliser l'hébreu ou le grec ou l'anglais ou une autre langue que la notre pour invoquer du fond du cœur avec sincérité et vérité le Nom de Notre Seigneur Jésus-Christ !

Lorsque nous lisons que Dieu lui a donné le nom qui est au dessus de tout nom, il s'agit de "Seigneur", comme l'écrit l'apôtre Paul : *que toute langue confesse que Jésus–Christ est Seigneur, à la gloire de Dieu le Père. Philippiens 2.9/10*

Lors de sa naissance, l'ange à dit aux bergers : *Ne craignez point; car je vous annonce une bonne nouvelle, qui sera pour tout le peuple le sujet d'une grande joie: c'est qu'aujourd'hui, dans la ville de David, il vous est né un Sauveur, qui est le Christ, le Seigneur.*

Lorsque je m'adresse à Lui, je lui dis le plus souvent "Seigneur Jésus" ou tout simplement "Jésus" et il m'entend ! Il comprend ma langue !

Le monde des religions a toujours donné la prééminence à quelques personnages parés de toutes les vertus, à qui on rend l'honneur suprême. Cependant pour ce qui est de ceux qui croient en Christ, nous savons qu'il n'y a qu'un seul Seigneur.

Bien sûr, certains disent qu'il y a des dieux au ciel et sur la terre. Et c'est vrai, pour eux il y a plusieurs dieux et plusieurs seigneurs.

En tout cas, pour nous, il n'y a qu'un seul Dieu : c'est le Père. Tout vient de lui, et c'est pour lui que nous vivons. Et il n'y a qu'un seul Seigneur : c'est Jésus–Christ. Tout existe par lui, et c'est par lui que nous vivons. 1 Corinthiens 8.5

Paul écrit encore que *"le Christ est au-dessus de toutes choses, Dieu béni éternellement. Amen!" Romain 9.5*

Jésus a dit lui même : Tout pouvoir m'a été donné dans le ciel et sur la terre. Mathieu 28.18

Il est le Seigneur et il a le pouvoir de pardonner nos péchés, de guérir toutes nos maladies et toutes nos infirmités, de chasser tout démon ou esprit impur et malfaisant, de nous délivrer de tout mal, de nous secourir en toutes circonstances, enfin Il transformera le corps de notre humiliation en le rendant semblable au corps de sa gloire, par le pouvoir qu'il a de s'assujettir toutes choses. Philippiens 3:21

Je pense souvent à cette dernière parole : *par le pouvoir qu'il a de s'assujettir toutes choses.*

Et je désire par dessus tout qu'il s'assujettisse tout mon être : mon esprit, ma volonté, mes pensées, mon âme, mes sentiments, mes désirs, mes émotions, mon corps avec tous ses besoins.

Je sais que Celui qui est sur le trône de Dieu connait tout de moi et qu'il peut exercer en ma faveur tout son pouvoir. Que son Nom soit béni !

Pour les premiers disciples de Christ il était important de confesser qu'il était le Seigneur. Parce qu'ils témoignaient que Jésus-Christ est le Seigneur, ils étaient persécutés par l'empereur romain qui exigeait que tous proclament que "César est Seigneur" !

Invoquer le Nom du Seigneur

Cette expression se trouve dans l'épitre de l'apôtre Paul aux disciples de Rome : *Quiconque invoquera le nom du Seigneur sera sauvé. Romains 10:13*

En général, "invoquer" c'est prier. Cependant différents passages de la Bible indiquent que cette parole a plusieurs applications :

Dans le livre des Actes relatant l'action de Saul de Tarse, elle désigne les disciples de Christ, ceux qui vivent selon ses enseignements, qui confessent lui appartenir.

> *Tous ceux qui l'entendaient étaient dans l'étonnement, et disaient: N'est-ce pas celui qui persécutait à Jérusalem ceux qui invoquent ce nom, et n'est-il pas venu ici pour les emmener liés devant les principaux sacrificateurs? Actes 9:21*

Beaucoup plus tard, devenu Paul apôtre de Jésus-Christ, il écrivait à ... *ceux qui invoquent en quelque lieu que ce soit le nom de notre Seigneur Jésus-Christ, leur Seigneur et le nôtre: 1 Corinthiens 1:2*

Il précise qu'il est leur Seigneur et le sien. Donc, invoquer le nom du Seigneur c'est reconnaitre et proclamer qu'il est notre Seigneur, déclarer que nous lui appartenons car il nous a rachetés par l'offrande sa vie.

> *Ne le savez-vous pas ? Votre corps est le sanctuaire de l'Esprit saint qui est en vous et que vous tenez de Dieu ; vous ne vous appartenez pas à vous-mêmes, car vous avez été rachetés à un grand prix. Glorifiez donc Dieu dans votre corps et dans votre esprit, qui appartiennent à Dieu. 1 Corinthiens 6:19*

Le Nom du Seigneur est également invoqué dans le sens de reconnaitre son autorité et sa puissance sur toutes choses, comme il l'a dit : *Tout pouvoir m'a été donnée dans le ciel et sur la terre. Matthieu 28:18*

Le fait d'invoquer, de proclamer, de prononcer le Nom du Seigneur Jésus-Christ est fondamental pour l'efficacité de notre foi, selon ses propres paroles :

> *En vérité, en vérité, je vous le dis, celui qui croit en moi fera aussi les œuvres que je fais, et il en fera de plus grandes, parce que je m'en vais au Père et tout ce que vous demanderez en mon nom, je le ferai, afin que le Père soit glorifié dans le Fils. Si vous demandez quelque chose en mon nom, je le ferai. Jean 14:12*

Jésus dit *"Je le ferai"* ! Il est le garant de notre foi, selon ce qui est écrit : *Gardons les regards fixés sur celui qui est l'initiateur de la foi et qui la mène à son accomplissement. Hébreux 12:2*

Prier en son Nom, chasser les démons en son Nom, imposer les mains aux malades en son Nom, parler en son Nom, donner un ordre en son Nom, faire des disciples en les baptisant en son Nom, agir en toutes choses au Nom du Seigneur, c'est la garantie de l'approbation de notre Père céleste, de l'intervention de Christ lui-même et de la manifestation du Saint-Esprit.

> *Et quoi que vous fassiez, en parole ou en œuvre, faites tout au nom du Seigneur Jésus, en rendant par lui des actions de grâces à Dieu le Père. Colossiens 3:17*

Comme nous le constatons le Nom du Seigneur Jésus-Christ tient une place primordiale dans l'univers céleste et terrestre, mais aussi dans l'Eglise sur la terre, dans notre foi et notre vie de disciples, pour la simple raison qu'il est le Nom du Seigneur Tout Puissant :

> *Car Dieu l'a souverainement élevé, et lui a donné le nom qui est au-dessus de tout nom, afin qu'au nom de Jésus tout genou fléchisse dans les cieux, sur la terre et sous la terre, et que toute langue confesse que Jésus-Christ est Seigneur, à la gloire de Dieu le Père. Philippiens 2.9/11*

Enfin nous invoquons le nom du Seigneur Jésus, lorsque nous nous adressons à Lui pour être secourus, sauvés, guéris, délivrés, etc... comme ceux qui venaient à Lui lorsqu'il parcourait les villes et les villages de son pays.

> *Alors s'approcha de lui une grande foule, ayant avec elle des boiteux, des aveugles, des muets, des estropiés, et beaucoup d'autres malades. On les mit à ses pieds, et il les guérit; Matthieu 15:30*

> *Vous savez ce qui est arrivé dans toute la Judée, après avoir commencé en Galilée, à la suite du baptême que Jean a prêché; vous savez comment Dieu a oint du Saint-Esprit et de force Jésus de Nazareth, qui allait de lieu en lieu faisant du bien et guérissant tous ceux qui étaient sous l'empire du diable, car Dieu était avec lui. Actes 10.37*

Christ est toujours le même

Nous croyons que les sentiments, le pouvoir, la puissance et la nature de Christ, n'ont pas changé. Il est le même aujourd'hui et il peut venir en aide à quiconque vient à lui et lui demande du secours.

> *Mais lui, parce qu'il demeure éternellement, possède un sacerdoce qui n'est pas transmissible.*
>
> *C'est aussi pour cela qu'il peut sauver parfaitement ceux qui s'approchent de Dieu par lui, étant toujours vivant pour intercéder en leur faveur. Hébreux 7.24*

> *C'est pourquoi, frères saints, qui avez part à la vocation céleste, considérez l'apôtre et le souverain sacrificateur de la foi que nous professons,*
>
> *Jésus, qui a été fidèle à celui qui l'a établi, comme le fut Moïse dans toute sa maison.*
>
> *Car il a été jugé digne d'une gloire d'autant supérieure à celle de Moïse que celui qui a construit une maison a plus d'honneur que la maison même.*
>
> *Chaque maison est construite par quelqu'un, mais celui qui a construit toutes choses, c'est Dieu.*
>
> *Pour Moïse, il a été fidèle dans toute la maison de Dieu, comme serviteur, pour rendre témoignage de ce qui devait être annoncé; mais Christ l'est comme Fils sur sa maison; et sa maison, c'est nous, pourvu que nous retenions jusqu'à la fin la ferme confiance et l'espérance dont nous nous glorifions. Hébreux 3.1*

Son appel est toujours valable pour tous :

> *Venez à moi, vous tous qui êtes fatigués et chargés, et je vous donnerai du repos.*
>
> *Prenez mon joug sur vous et recevez mes instructions, car je suis doux et humble de coeur; et vous trouverez du repos pour vos âmes.*

Car mon joug est doux, et mon fardeau léger. Matthieu 1.28

Un point essentiel de la foi c'est de reconnaitre la souveraineté et l'autorité suprêmes de Christ et l'accepter dans notre propre vie comme Seigneur et Maître.

Après avoir constater la résurrection de Jésus, Thomas se prosterna devant lui en disant *"Mon Seigneur et mon Dieu" Jean 20.28*

L'apôtre Paul considérait la souveraineté de Christ dans sa vie comme la priorité. Il l'appelle : *Jésus-Christ "mon Seigneur". Philippiens 3.8*

Ceci implique l'entière autorité de Christ sur nos pensées, nos décisions, nos paroles, nos projets, nos activités. Non seulement il est notre Sauveur, mais aussi notre Maître, Celui a qui nous obéissons sans conteste, comme de vrais disciples. Il disait à ceux qui croyaient en lui :

> *Si vous demeurez dans ma parole, vous êtes vraiment mes disciples. Jean 8.31*

Ecouter ses instructions, accepter son autorité, obéir à sa Parole, c'est une attitude raisonnable et indispensable, pour construire notre vie, comme il le dit :

> *Ceux qui me disent: Seigneur, Seigneur! n'entreront pas tous dans le royaume des cieux, mais celui-là seul qui fait la volonté de mon Père qui est dans les cieux.*
>
> *Plusieurs me diront en ce jour-là: Seigneur, Seigneur, n'avons-nous pas prophétisé par ton nom? n'avons-nous pas chassé des démons par ton nom? et n'avons-nous pas fait beaucoup de miracles par ton nom?*
>
> *Alors je leur dirai ouvertement: Je ne vous ai jamais connus, retirez-vous de moi, vous qui commettez l'iniquité.*
>
> *C'est pourquoi, quiconque entend ces paroles que je dis et les met en pratique, sera semblable à un homme prudent qui a bâti sa maison sur le roc.*
>
> *La pluie est tombée, les torrents sont venus, les vents ont soufflé et se sont*

jetés contre cette maison: elle n'est point tombée, parce qu'elle était fondée sur le roc.

Mais quiconque entend ces paroles que je dis, et ne les met pas en pratique, sera semblable à un homme insensé qui a bâti sa maison sur le sable.

La pluie est tombée, les torrents sont venus, les vents ont soufflé et ont battu cette maison: elle est tombée, et sa ruine a été grande. Matthieu 7.21

Nous comprenons que l'essentiel ce n'est pas de faire des miracles ou prophétiser mais obéir au Seigneur Jésus-Christ !

7) Christ est Roi

Nous allons considérer maintenant en quoi consiste la royauté du Seigneur Jésus-Christ, afin de nous efforcer d'être conscients qu'Il règne vraiment, qu'il est Celui qui gouverne au dessus de tout pouvoir, toute autorité, tout prince, toute créature, dans les cieux, sur la terre, en tous lieux. Philippiens 2.9

Dans le livre de l'Apocalypse, l'apôtre Jean décrit les choses qui lui ont été révélées par différentes visions. Dès qu'il fut ravi en esprit dans le ciel, il a constaté que tous les êtres et les événements dépendaient du pouvoir souverain de Dieu.

> Il a écrit : *Aussitôt je fus ravi en esprit. Et voici, il y avait un trône dans le ciel, et sur ce trône quelqu'un était assis. Apocalypse 4:2*

Il y a un trône dans le ciel, c'est un trône très élevé, au dessus de tout (Esaïe 6.1) et ce trône n'est pas inoccupé...L'Éternel est assis sur son trône et il domine sur toutes choses.

> *Dieu, l'Éternel règne, il est revêtu de majesté, L'Éternel est revêtu, il est ceint de force. Aussi le monde est ferme, il ne chancelle pas. Psaumes 93:1*

> *L'Éternel était sur son trône lors du déluge; L'Éternel sur son trône règne éternellement. Psaumes 29:10*

Dieu règne, cela veut dire que quelques soient les événements, rien n'échappe à son pouvoir, même s'Il n'intervient pas toujours immédiatement.

L'apôtre Jean a vu aussi, sur ce même trône, le Seigneur Jésus-Christ. Apocalypse 5:6

Son Père l'a fait asseoir avec Lui sur son trône, Il est pleinement associé à son règne. Même si nous ne voyons pas encore que toutes choses lui sont soumises, Il règne.

Dieu lui a donné la domination sur toutes ses œuvres, Il a tout mis sous ses pieds. Psaumes 8:6

Tu as mis toutes choses sous ses pieds. En effet, en lui soumettant toutes choses, Dieu n'a rien laissé qui ne lui fût soumis. Cependant, nous ne voyons pas encore maintenant que toutes choses lui soient soumises. Hébreux 2:8

Dans son humanité, Jésus s'est présenté à Jérusalem, comme le roi que Dieu envoyait à son peuple, dans un esprit de service, rempli de douceur et plein d'humilité. Matthieu 21:5

Mais ils n'ont pas voulu que l'oint de Dieu règne sur eux.

Les rois de la terre se sont soulevés, et les princes se sont ligués contre le Seigneur et contre son Oint. Actes 4:26

Ils l'ont crucifié en le pendant au bois, mais Dieu l'a ressuscité et il l'a fait asseoir avec Lui sur son trône :

Celui qui a été abaissé pour un peu de temps au-dessous des anges, Jésus, nous le voyons couronné de gloire et d'honneur à cause de la mort qu'il a soufferte, afin que, par la grâce de Dieu, il souffrît la mort pour tous. Hébreux 2:9

Si les incrédules ont rejeté Christ, ceux qui croient en Lui acceptent qu'il règne sur eux, que tout dans leur vie lui soit soumis.

Aujourd'hui, par son Esprit, Jésus désire entrer dans notre vie afin de régner sur notre être entier :

. l'esprit : nos pensées, nos projets, nos décisions, notre volonté.

. l'âme : nos sentiments, nos désirs, nos émotions, notre être affectif.

. le corps : nos comportements, notre aspect visible, la façon dont nous utilisons les membres de notre corps, dont nous le vêtons, ...

Enfin, Jésus paraîtra comme "Le Roi des rois qui vient régner sur le monde avec un sceptre de fer, c'est à dire avec *une autorité incontestable, imposant sa justice à un monde qui a perdu tout repaire.*

> *Puis je vis le ciel ouvert, et voici, parut un cheval blanc. Celui qui le montait s'appelle Fidèle et Véritable, et il juge et combat avec justice. Ses yeux étaient comme une flamme de feu; sur sa tête étaient plusieurs diadèmes; il avait un nom écrit, que personne ne connaît, si ce n'est lui-même et il était revêtu d'un vêtement teint de sang. Son nom est la Parole de Dieu. Les armées qui sont dans le ciel le suivaient sur des chevaux blancs, revêtues d'un fin lin, blanc, pur. De sa bouche sortait une épée aiguë, pour frapper les nations; il les paîtra avec une verge de fer; et il foulera la cuve du vin de l'ardente colère du Dieu tout-puissant. Il avait sur son vêtement et sur sa cuisse un nom écrit: Roi des rois et Seigneur des seigneurs. Apocalypse 19:11-16*

A la lumière des Écritures, nous considérons donc les trois étapes du règne de Christ :

. pendant son humanité, par les évangiles

. aujourd'hui, dans l'église sur la terre et dans notre vie personnelle, par son Esprit.

. dans le monde à venir, sur cette terre pendant 1000 ans et dans la nouvelle création, éternellement.

Ces trois phases du règne de Jésus-Christ doivent inspirer à notre cœur : la foi, l'amour, le respect et l'espérance.

- la foi.

Lorsque nous lisons sa Parole, nous constatons l'autorité du Fils de Dieu, venu en chair, pour révéler le royaume de Dieu, l'autorité de sa Parole et le pouvoir miraculeux de ses actes.

Sachant que Jésus est toujours le même, nous pouvons à la lecture des Évangiles retenir que son pouvoir et l'autorité de son règne sont toujours d'actualité.

- l'amour

La révélation de la personne du Seigneur Jésus-Christ, sa justice, sa bonté, sa compassion, sa miséricorde, sa douceur, etc...suscite en nous des sentiments d'admiration, d'amour et d'attachement.

- le respect

Traduisons cette expression par le sens biblique qui lui est donné dans les Écritures : "la crainte de Dieu" qui implique une entière soumission au Roi divin et la recherche de ce qui lui est agréable dans notre manière de vivre.

- l'honneur

Ils disaient d'une voix forte: *L'agneau qui a été immolé est digne de recevoir la puissance, la richesse, la sagesse, la force, l'honneur, la gloire, et la louange.* Apocalypse 5:12

- l'espérance

Nous attendons le royaume de Dieu, c'est à dire le jour ou Dieu va établir son règne sur la terre, par celui qu'il a désigné, le Seigneur Jésus-Christ, selon sa promesse

Dès aujourd'hui nous avons conscience de l'élévation glorieuse de notre Sauveur et Seigneur et nous en sommes tellement heureux. Nous nous réjouissons de sa gloire et de son pouvoir ! Dieu l'a élevé par sa droite comme Prince et Sauveur. Actes 5:31

Il est prince

- Le prince des rois de la terre ! Apocalypse 1:5

- Le prince de la vie. Actes 3.15

- Le prince de la paix. Esaïe 9.6

- Le Prince de notre salut. Hébreux 2.10

Il est prince et roi dans notre cœur. Nous chantons : Seigneur Jésus, roi puissant, règne en moi, règne dans ton église, sans partage !

Nous le voyons couronné de gloire et d'honneur. Nous l'adorons, nous attendons son retour et son règne.

> *Si quelqu'un n'aime pas le Seigneur, qu'il soit maudit ! Maranatha-Notre Seigneur, viens! 1 Corinthiens 16:22 (Bible en Français Courant).*

Que ton règne vienne !

> *Amen ! Viens, Seigneur Jésus ! Apocalypse 22:20*

8) Christ est Souverain Sacrificateur

Nous avons toujours du mal à comprendre les choses de Dieu, la situation et les fonctions du Père, du Fils et de l'Esprit Saint. Aussi il est plus raisonnable de nous en tenir par la foi à ce qui est écrit dans la Bible, sans extrapoler, sans se livrer à des supputations, et suggestions de notre intellect, sachant que nous ne pouvons définir avec précision, ce qui est infini.

En ce qui concerne le Seigneur Jésus-Christ, nous lisons qu'après sa résurrection, il est monté au ciel où Il s'est assis à la droite de Dieu :

> *Le Seigneur Jésus, après leur avoir parlé, fut enlevé au ciel et il s'assit à la droite de Dieu. Marc 16:19*

Nous apprenons aussi qu'il y exerce le ministère d'intercesseur : *... il est ressuscité, il est à la droite de Dieu, et il intercède pour nous! Romains 8:34*

L'auteur de l'épître aux Hébreux enseigne en quoi consiste ce ministère de Christ en prenant l'image du souverain sacrificateur de l'ancienne alliance de Dieu avec Israël.

Sous l'ancienne alliance, le tabernacle et plus tard le temple, avaient été construits dans le but d'être un lieu de rencontre entre Dieu et son peuple. Le sacerdoce Lévitique, avec ses sacrificateurs, était établi en fonction du service du tabernacle.

Dieu a toujours voulu qu'il y ait une relation étroite entre lui et les êtres humains. Dès le début dans le jardin d'Eden, Adam et Ève vivaient dans la présence de Dieu, particulièrement manifestée lorsque vers le soir la voix de Dieu, "La Parole" venait à leur rencontre (Genèse 3.8).

Malheureusement, le péché a interrompu ce dialogue béni et à cause de leur désobéissance, nos premiers parents ont été chassés de l'Eden, séparés de la présence divine..

Le péché crée une séparation entre Dieu et les êtres humains (Esaïe 59.2).

Cependant, après le péché, Dieu a voulu rétablir sa relation avec les hommes et la Bible nous révèle les nombreuses manifestations de sa présence avec des personnes qui le cherchaient ou que lui-même appelait. Le tabernacle construit par Moïse, a été l'un de ces moyens établi par l'Éternel pour rencontrer son peuple

La première alliance avait des ordonnances relatives au culte, et le sanctuaire terrestre (Hébreux 9:1).

> *Un tabernacle contenant divers objets, des sacrificateurs faisant le service dans le lieu saint, un souverain sacrificateur, seul habilité à entrer une fois par an dans le lieu très saint avec le sang des animaux offerts en sacrifice, pour faire l'expiation de ses propres péchés et pour ceux du peuple.*

Nous n'allons pas entrer ici dans les détails de toutes ces choses, mais seulement en retenir l'essentiel.

Le Tabernacle était une figure, une représentation symbolique et provisoire, du véritable tabernacle établi dans les cieux. Le culte qui y était célébré représentait chemin à parcourir pour s'approcher de Dieu.

Il faut remarquer que le Tabernacle est un message, utilisé par le Saint-Esprit pour annoncer un autre tabernacle, plus grand et plus parfait, construit par le Seigneur Lui-même. (Hébreux 9.8)

L'auteur de l'épître aux Hébreux, inspiré par l'Esprit de Dieu, s'est efforcé par une comparaison avec le Souverain Sacrificateur de l'Ancien Testament, de nous faire comprendre le ministère du Seigneur Jésus-Christ comme médiateur

. dans son corps sur la terre, en s'offrant lui même en sacrifice sur la croix, à la fois victime et sacrificateur

. dans le ciel, ou il a comparu pour nous devant Dieu, avec son propre sang et où il se tient en permanence, comme notre médiateur auprès du Père.

Dans l'AT, le sacerdoce était établi pour le service de Dieu, dans un sanctuaire terrestre, d'abord le tabernacle, puis le temple.

Le but de ce sanctuaire était d'établir un lieu de rencontre entre Dieu et son peuple, les sacrificateurs et les lévites devant accomplir les différentes tâches requises dans ce but : sacrifices, offrandes, prières, enseignement de la loi, ordonnances rituelles : circoncision, purification, etc…

Le Tabernacle dans sa conception illustre parfaitement le chemin pour entrer dans la présence Dieu, le Lieu Très Saint :

- le parvis ou cour intérieure du sanctuaire, avec l'autel des sacrifices et la cuve des ablutions. Le parvis était accessible à tous, pour l'expiation, la consécration, la purification.

- le lieu saint, où se trouvaient le chandelier, la table des pains de proposition et l'autel des parfums, les sacrificateurs faisant le service y entraient en tout temps. Il illustre le maintien de notre communion avec le Seigneur, dans la lumière, en vue de l'adoration.

- le lieu très saint du Tabernacle ou du Temple, était le lieu de la présence de Dieu symbolisée par l'Arche d'Alliance. Seul le Souverain Sacrificateur pouvait y entrer, une fois par an, pour y faire l'expiation des péchés du peuple.

Après la description de la fonction du souverain sacrificateur selon la loi de Moïse donnée à Israël, l'auteur de l'épître aux Hébreux précise que le Saint-Esprit montrait par là que le chemin du lieu très saint n'était pas encore ouvert, tant que le premier tabernacle subsistait (Hébreux 9:8).

Le rôle principal du Souverain Sacrificateur était une fonction de médiateur, celui qui se tient devant Dieu en faveur du peuple. Mais ce sacerdoce n'étant pas parfait, il devait être remplacé par un autre sacerdoce, un autre souverain sacrificateur.

L'auteur de l'épître aux Hébreux, cherche par son enseignement à présenter le Seigneur Jésus-Christ, comme le grand Souverain Sacrificateur, unique, parfait et éternel, établit par Dieu lui-même, pour exercer un ministère de médiation en notre faveur, dans le ciel auprès de son Père.

> *Le point capital de ce qui vient d'être dit, c'est que nous avons un tel souverain sacrificateur, qui s'est assis à la droite du trône de la majesté divine dans les cieux, comme ministre du sanctuaire et du véritable tabernacle, qui a été dressé par le Seigneur et non par un homme (Hébreux 8.1/2).*

Sous l'ancienne alliance et selon la loi de Moïse, le souverain sacrificateur était un homme de la tribu de Lévi, de la famille d'Aaron, le premier-né. La hiérarchie religieuse se présentait comme suit :

. Aaron (ou son successeur), le souverain sacrificateur, ayant accès une fois l'an dans le lieu très saint au jour des expiations

. Les sacrificateurs et les lévites, chargés du service du sanctuaire, exerçant leurs fonctions jusque dans le lieu saint;

. Le peuple, admis à présenter ses offrandes dans le parvis sur l'autel des holocaustes.

Avec la Nouvelle Alliance,

. Christ est le souverain sacrificateur unique et parfait (Hébreux 7.24-28).

. les croyants font tous partie du sacerdoce royal, étant devenus rois et sacrificateurs avec Christ.1 Pierre 2.5, 9 - Apocalypse 1.6 - Hébreux 10.19-22

. Le parvis est ouvert à tous ceux qui, appelés par l'Évangile, viennent à la croix du sacrifice expiatoire, accès du chemin qui mène à Dieu.

Sous la nouvelle alliance, le sacerdoce a changé, ainsi que la loi :

> *Si la perfection avait été possible par le sacerdoce Lévitique, sur lequel repose la loi donnée au peuple, il n'y aurait pas eu besoin que paraisse un autre sacrificateur établi selon un ordre différent et sous une loi nouvelle. Le sacerdoce ayant été changé, il y a eu aussi nécessairement un changement de loi. Il y a eu abolition d'une ordonnance antérieure, à cause de son impuissance et de son inutilité, car la loi n'a rien amené à la*

perfection, et introduction d'une meilleure espérance, par laquelle nous nous approchons de Dieu (Hébreux 7.11/19).

Le but de ce changement est donc de permettre à tous sans distinction de s'approcher de Dieu, par Jésus-Christ, qui est devenu le seul médiateur entre Dieu et les hommes, Dieu l'ayant déclaré souverain sacrificateur pour toujours, il a reçu un sacerdoce unique, éternel, qui n'est pas transmissible

> *Pour cela, il a dû être rendu semblable en toutes choses à ses frères, (il a connu notre condition humaine, mais sans le péché) afin qu'il fût **un souverain sacrificateur miséricordieux et fidèle dans le service de Dieu**, pour faire l'expiation des péchés du peuple; car, ayant été tenté lui-même dans ce qu'il a souffert, il peut secourir ceux qui sont tentés*

(Hébreux 2:17).

Par LUI, nous avons maintenant une libre entrée dans le sanctuaire

Le premier tabernacle avec ses trois parties, le parvis, le lieu saint et le lieu très saint, était une image qui illustre parfaitement le chemin que nous pouvons suivre pour nous approcher de Dieu

Lorsque nous nous approchons de Dieu pour le prier, l'adorer ou le louer, n'oublions pas que l'accès dans sa présence n'est possible que par Jésus qui a ouvert pour nous un chemin, une entrée, une porte, pour que nous entrions librement dans un sanctuaire, qui n'est pas fait de main d'homme, le ciel, le lieu de la présence même de Dieu.

> *"Ainsi donc, frères, puisque nous avons, au moyen du sang de Jésus, une libre entrée dans le sanctuaire par la route nouvelle et vivante qu'il a inaugurée pour nous au travers du voile, c'est-à-dire, de sa chair, et puisque **nous avons un souverain sacrificateur établi sur la maison de Dieu**, approchons-nous avec un cœur sincère, dans la plénitude de la foi, les cœurs purifiés d'une mauvaise conscience, et le corps lavé d'une eau pure."*

C'est un encouragement à demeurer fermes dans la foi que nous professons, puisque nous avons un grand souverain sacrificateur qui a traversé les cieux, Jésus, le Fils de Dieu, qui peut compatir à nos faiblesses, parce qu'il a été tenté comme nous en toutes choses, sans commettre de péché. Nous pouvons donc nous approcher avec assurance du trône de la grâce, afin d'obtenir miséricorde et de trouver grâce, pour être secourus dans nos besoins (Hébreux 4.14/16).

Il y a beaucoup à dire, sur ce thème et je vous invite à lire attentivement l'épître au Hébreux qui développe tellement bien cette nouvelle relation avec Dieu que Jésus a établie pour nous : la liberté de nous approcher de Dieu avec confiance, par la foi en Jésus-Christ notre Seigneur (Eph.3.11/12).

Puisque nous avons un Souverain Sacrificateur parfait et éternel, saint, innocent, sans tache, séparé des pécheurs, et plus élevé que les cieux, qui a traversé, le tabernacle plus grand et plus parfait, qui n'est pas construit de main d'homme et qui est entré une fois pour toutes dans le lieu très saint, non avec le sang des boucs et des veaux, mais avec son propre sang, ayant obtenu une rédemption éternelle (Hébreux 7.26/28 - 9.6/15).

Maintenant, en Jésus-Christ, vous qui étiez jadis éloignés, vous avez été rapprochés par le sang de Christ. Car il est notre paix, lui qui des deux n'en a fait qu'un, et qui a renversé le mur de séparation, l'inimitié, ayant anéanti par sa chair la loi des ordonnances dans ses prescriptions, afin de créer en lui-même avec les deux un seul homme nouveau, en établissant la paix et de les réconcilier, l'un et l'autre en un seul corps, avec Dieu par la croix, en détruisant par elle l'inimitié. Il est venu annoncer la paix à vous qui étiez loin, et la paix à ceux qui étaient près; car par lui nous avons les uns et les autres accès auprès du Père, dans un même Esprit (Eph.2.13/18).

Il est important de savoir que "les uns" et "les autres", chacun d'entre nous, vous et moi, nous avons, sans autre intermédiaire que Jésus, la possibilité de venir à chaque instant dans la présence de Dieu et que la prière est le moyen qui nous élève dans le ciel même, devant le trône de Dieu, là même où le Seigneur Jésus-Christ est assis et où nous sommes assis en lui (Éphésiens 2.6).

Car si le sang des taureaux et des boucs, et la cendre d'une vache, répandue sur ceux qui sont souillés, sanctifient et procurent la pureté de la chair, combien plus le sang de Christ, qui, par un esprit éternel, s'est offert lui-même sans tache à Dieu, purifiera-t-il votre conscience des œuvres mortes, afin que vous serviez le Dieu vivant ! (Hébreux 9.13/14).

> *Ainsi donc, frères, puisque nous avons, au moyen du sang de Jésus, une libre entrée dans le sanctuaire par la route nouvelle et vivante qu'il a inaugurée pour nous au travers du voile, c'est-à-dire, de sa chair, et puisque nous avons un souverain sacrificateur établi sur la maison de Dieu, approchons-nous avec un cœur sincère, dans la plénitude de la foi, les cœurs purifiés d'une mauvaise conscience, et le corps lavé d'une eau pure. Retenons fermement la profession de notre espérance, car celui qui a fait la promesse est fidèle. Hébreux 10.9/25*

Il faut encore souligner que le souverain sacrificateur était un intercesseur, venant au nom du peuple, apportant à Dieu les offrandes et les prières.

De même c'est par Jésus que nos offrandes, nos prières, nos louanges et notre adoration transitent et sont agréées de Dieu.

Christ notre avocat

En réfléchissant à la situation du Seigneur Jésus-Christ aujourd'hui, j'essaie de distinguer les fonctions qui sont les siennes auprès du Père, car c'est là qu'il se trouve en réalité depuis qu'il est monté au ciel et qu'il s'est assis à la droite de Dieu, pas seulement pour y être honoré, mais pour exercer le ministère d'intercesseur.

> *Qui condamnera les élus de Dieu ? Christ est mort; bien plus, il est ressuscité, il est à la droite de Dieu, et il intercède pour nous! Romains 8:34*

> *Mes petits enfants, je vous écris ces choses, afin que vous ne péchiez point. Et si quelqu'un a péché, nous avons un avocat auprès du Père, Jésus-Christ le juste. Il est lui-même une victime expiatoire pour nos péchés, non seulement pour les nôtres, mais aussi pour ceux du monde entier. 1 Jean 2:1/2*

Nous ne sommes pas suffisamment conscients du ministère de Christ aujourd'hui. Nous devrons savoir qu'il se préoccupe à chaque instant de ceux qui ont mis leur confiance en Lui. Il connait nos limites, nos élans et nos chutes, nos déclarations d'amour et nos échecs, il a été tenté en toutes choses comme nous.

> *En conséquence, il a dû être rendu semblable en toutes choses à ses frères, afin qu'il fût un souverain sacrificateur miséricordieux et fidèle dans le service de Dieu, pour faire l'expiation des péchés du peuple; car, ayant été tenté lui-même dans ce qu'il a souffert, il peut secourir ceux qui sont tentés. Hébreux 2.17/18*

Christ connait surtout très bien notre adversaire implacable et infatigable : le diable. Il a eu affaire à lui à plusieurs reprises durant sa vie terrestre. Le diable est le tentateur qui est constamment à l'œuvre pour séduire les humains et surtout les enfants de Dieu, dans le but de les entrainer à désobéir à Dieu. Non seulement il est le tentateur, mais aussi notre accusateur devant Dieu. (Apocalypse 12.10) C'est pour cela que nous avons besoin d'un avocat pour défendre notre cause devant le trône de Dieu.

Nous avons une image saisissante de cette réalité dans la vision du prophète Zacharie 3.1 :

> *Il me fit voir Josué, le souverain sacrificateur, debout devant l'ange de l'Eternel, et Satan qui se tenait à sa droite pour l'accuser.*
>
> *L'Éternel dit à Satan: Que l'Éternel te réprime, Satan! que l'Éternel te réprime, lui qui a choisi Jérusalem! N'est-ce pas là un tison arraché du feu?*
>
> *Or Josué était couvert de vêtements sales, et il se tenait debout devant l'ange.*
>
> *L'ange, prenant la parole, dit à ceux qui étaient devant lui: Otez-lui les vêtements sales! Puis il dit à Josué: Vois, je t'enlève ton iniquité, et je te revêts d'habits de fête.*
>
> *Je dis: Qu'on mette sur sa tête un turban pur! Et ils mirent un turban pur sur sa tête, et ils lui mirent des vêtements. L'ange de l'Éternel était là.*

Dieu a pourvu à notre défense, il nous a donné le meilleur avocat en la personne de son propre fils Jésus-Christ.

> *Nous avons un avocat auprès du Père, Jésus-Christ le juste. Jean 2.1*

A chaque instant, le Seigneur Jésus-Christ, qui a offert sa vie pour nous, plaide notre cause auprès de son Père et devant toutes les créatures célestes. Il intercède nuit et jour en notre faveur, aussi souvent que notre adversaire le diable nous accuse.

Christ le médiateur unique

Dans le sacerdoce de Souverain Sacrificateur, il y le rôle principal de "médiateur", celui qui se tient entre deux personnes pour une réconciliation, ou un accueil favorable, Christ se tient pour nous devant son Père afin qu'Il nous soit favorable. Les espagnols diraient "por favor", ce que l'on peut traduire "par grâce".

C'est un autre aspect de son rôle d'avocat, se tenir auprès de Dieu comme notre défenseur et cela pas seulement avec des paroles mais en se présentant lui-même comme l'auteur garant du prix payé pour notre réconciliation avec Dieu.

Jésus, est l'unique médiateur qui apporte avec Lui devant le trône de Dieu le prix d'un sacrifice unique et inégalable : sa propre vie.

> *Mais Christ est venu comme souverain sacrificateur des biens à venir; il a traversé le tabernacle plus grand et plus parfait, qui n'est pas construit de main d'homme, c'est-à-dire, qui n'est pas de cette création; et il est entré une fois pour toutes dans le lieu très saint, non avec le sang des boucs et des veaux, mais avec son propre sang, ayant obtenu une rédemption éternelle. Hébreux 9.11/12*

Il est essentiel que nous comprenions que personne d'autre que Christ, ne peut remplir cette tâche et que Lui seul est suffisant pour cela.

Beaucoup trop de personnes n'osent pas s'approcher elles mêmes de Dieu le Père, alors elle font appel à quelqu'un qu'elles placeront ainsi entre Lui et elles.

S'il est important que nous demandions la prière d'autres frères et sœurs ou de pasteurs ou prédicateurs, rappelons nous qu'ils ne peuvent être en aucun cas des "médiateurs" entre Dieu et nous, mais seulement des intercesseurs terrestres, dont les mérites ou la valeur des prières ne valent pas plus que les nôtres. Lorsque nous demandons la prière de quelqu'un, nous entrons tout simplement dans la démarche enseignée par le Seigneur, dans Matthieu 18.19/20 :

> *Je vous dis encore que, si deux d'entre vous s'accordent sur la terre pour demander une chose quelconque, elle leur sera accordée par mon Père qui est dans les cieux.*
>
> *Car là où deux ou trois sont assemblés en mon nom, je suis au milieu d'eux.*

Il n'est donc pas question d'un clergé qui serait supérieur, pour une quelconque médiation, mais tout simplement de l'exhortation de la Parole de Dieu : "Priez les uns pour les autres"

Les gens religieux sont influencés par la conception "du prêtre" qui se tient entre Dieu et les simples fidèles. Selon l'Évangile, le sacerdoce des anciens sacrificateurs, (prêtres) de la loi de Moïse, a été remplacé par le Seigneur Jésus-Christ.

> *Car il y a un seul Dieu, et aussi un seul médiateur entre Dieu et les hommes, Jésus-Christ homme, qui s'est donné lui-même en rançon pour tous. 1 Timothée 2:5*

La fonction de médiateur de Jésus est unique car sa valeur réside dans un sacrifice unique :

> *Car Dieu a voulu que toute plénitude habitât en lui; il a voulu par lui réconcilier tout avec lui-même, tant ce qui est sur la terre que ce qui est dans les cieux, en faisant la paix par lui, par le sang de sa croix. Colossiens 1.19*

Si la fonction de médiateur de l'Ancienne Alliance était très importante, le rôle de Jésus dans ce domaine l'est encore bien plus :

> *Mais maintenant il a obtenu un ministère d'autant supérieur qu'il est le médiateur d'une alliance plus excellente, qui a été établie sur de meilleures promesses. Hébreux 8:6*

Jésus, notre Sauveur, a donc obtenu un ministère bien supérieur à celui du sacerdoce Lévitique. Il sert dans le sanctuaire céleste. Il est le médiateur unique et éternel.

> *Car il y a un seul Dieu, et aussi un seul médiateur entre Dieu et les hommes, Jésus-Christ homme, 1 Timothée 2:5*
>
> *Mais lui, parce qu'il demeure éternellement, possède un sacerdoce qui n'est pas transmissible. C'est aussi pour cela qu'il peut sauver parfaitement ceux qui s'approchent de Dieu par lui, étant toujours vivant pour intercéder en leur faveur. Hébreux 7:24*

Christ intercesseur

Nous venons de voir que Jésus, dans ses fonctions de Souverain Sacrificateur, est notre avocat auprès de Dieu et notre médiateur. Considérons maintenant qu'il est notre intercesseur : *il est ressuscité, il est à la droite de Dieu, et il intercède pour nous ! Romains 8:34*

Jésus prie pour nous

Prier pour les siens, ceux que le Père lui a donnés, fait partie intégrante du ministère de Christ.

Déjà, pendant son séjour terrestre, il priait pour ses disciples qu'il envoyait dans le monde, afin que le Père les garde. Non seulement pour eux, mais pour tous ceux que le Père lui a donnés, en ce temps là et dans l'avenir. Jean 17.

Jésus prie afin que ceux qui croient en lui soient gardés, qu'ils soient sanctifiés, qu'il soient unis et enfin qu'ils soient là où il est, qu'ils voient sa gloire et la partagent.

> *C'est pour eux que je prie. Je ne prie pas pour le monde, mais pour ceux que tu m'as donnés, parce qu'ils sont à toi; - et tout ce qui est à moi est à toi, et ce qui est à toi est à moi; -et je suis glorifié en eux.*
>
> *Je ne suis plus dans le monde, et ils sont dans le monde, et je vais à toi. Père saint, garde en ton nom ceux que tu m'as donnés, afin qu'ils soient un comme nous.*

Lorsque j'étais avec eux dans le monde, je les gardais en ton nom. J'ai gardé ceux que tu m'as donnés, et aucun d'eux ne s'est perdu, sinon le fils de perdition, afin que l'Ecriture fût accomplie.

Et maintenant je vais à toi, et je dis ces choses dans le monde, afin qu'ils aient en eux ma joie parfaite.

Je leur ai donné ta parole; et le monde les a haïs, parce qu'ils ne sont pas du monde, comme moi je ne suis pas du monde.

Je ne te prie pas de les ôter du monde, mais de les préserver du mal.

Ils ne sont pas du monde, comme moi je ne suis pas du monde.

Sanctifie-les par ta vérité: ta parole est la vérité.

Comme tu m'as envoyé dans le monde, je les ai aussi envoyés dans le monde.

Et je me sanctifie moi-même pour eux, afin qu'eux aussi soient sanctifiés par la vérité.

Ce n'est pas pour eux seulement que je prie, mais encore pour ceux qui croiront en moi par leur parole, afin que tous soient un, comme toi, Père, tu es en moi, et comme je suis en toi, afin qu'eux aussi soient un en nous, pour que le monde croie que tu m'as envoyé.

Je leur ai donné la gloire que tu m'as donnée, afin qu'ils soient un comme nous sommes un, - moi en eux, et toi en moi, -afin qu'ils soient parfaitement un, et que le monde connaisse que tu m'as envoyé et que tu les as aimés comme tu m'as aimé.

Pendant son séjour terrestre, Jésus priait pour ses disciples qui le suivaient et aussi pour que son Père l'assiste dans la mission qu'il devait accomplir chaque jour auprès des foules qui venaient à lui et de ceux qu'il rencontrait en particulier. *Marc 1.35/39*

Jésus a prié toute une nuit pour le choix des douze.

En ce temps-là, Jésus se rendit sur la montagne pour prier, et il passa toute la nuit à prier Dieu.

Quand le jour parut, il appela ses disciples, et il en choisit douze, auxquels il donna le nom d'apôtres. Luc 6.12/13

Il a prié pour Pierre, afin que sa foi ne défaille pas, lorsqu'il serait criblé par Satan. Luc 22.31/32

Il connaît nos élans de bonne volonté, mais il connaît aussi la détermination de notre adversaire pour nous détruire, et il sait que nous avons besoin d'être secourus lorsque nous sommes criblés, c'est pour cela qu'Il prie pour nous.

Dans le domaine de l'intercession, Jésus demeure le même. Assis à la droite de Dieu Il intercède jour et nuit en notre faveur, lorsque nous sommes éprouvés, lorsque nous souffrons, lorsque nous sommes tentés et même lorsque nous avons péché !

La première chose pour laquelle Jésus intercède, concerne le pardon de nos péchés, pas seulement passés, mais ceux de chaque jour. Nous avons besoin d'un intercesseur qui se tienne pour nous en permanence auprès de Dieu, car nous avons un accusateur qui nous accuse jour et nuit devant Dieu *(Apocalypse 12.10)*

L'élément qui décide de la victoire c'est le sang du Seigneur Jésus-Christ. L'efficacité de son intercession repose non pas sur la base de nos œuvres, mais de son propre sang, dont la valeur est éternelle. *Hébreux 9.12 - Apocalypse 12.11*

Nous avons peut-être du mal a réaliser que Jésus prie pour nous, non seulement d'une manière générale pour toute son Église, mais pour chacun de nous. Cela c'est une réalité.

La parole qu'il adressait à l'apôtre Pierre : ***"J'ai prié pour toi !"*** *peut s'appliquer à chacun d'entre nous, à toi qui lis ces lignes et à moi qui les écris*

Il est bon aussi de savoir que Jésus n'intercède pas pas pour des justes mais pour des coupables. Matthieu 9.11

Les pharisiens virent cela, et ils dirent à ses disciples: Pourquoi votre maître mange-t-il avec les publicains et les gens de mauvaise vie?

Ce que Jésus ayant entendu, il dit: Ce ne sont pas ceux qui se portent bien qui ont besoin de médecin, mais les malades.

Allez, et apprenez ce que signifie: Je prends plaisir à la miséricorde, et non aux sacrifices. Car je ne suis pas venu appeler des justes, mais des pécheurs.

C'est pour des coupables qu'il est venu s'offrir en sacrifice et c'est encore pour des coupables qu'il intercède chaque jour.

Il s'est livré lui-même à la mort, Il a été mis au nombre des malfaiteurs, Il a porté les péchés de beaucoup d'hommes, et Il a intercédé pour les coupables. Esaïe 53:12

Dieu prouve son amour envers nous, en ce que, lorsque nous étions encore des pécheurs, Christ est mort pour nous. Romains 5:8

Le sentiment qui anime un intercesseur, c'est la compassion, l'amour, en faveur de ceux pour qui il intervient. En cela, comme en toutes choses, Jésus est parfait et unique.

Car nous n'avons pas un souverain sacrificateur qui ne puisse compatir à nos faiblesses; au contraire, il a été tenté comme nous en toutes choses, sans commettre de péché. Hébreux 4:15

9) Christ notre berger

Lorsque nous cherchons à connaître notre Seigneur Jésus-Christ, il y a un aspect important de sa personnalité que nous devons découvrir : "LE BERGER"

Il se présente lui-même comme un berger :

Je suis le bon berger. Le bon berger donne sa vie pour ses brebis. Jean 10:11 -

Je suis le bon berger. Je connais mes brebis, et elles me connaissent, Jean 10:14

Dans le chapitre 10 de l'évangile de Jean, Jésus précise la relation qui existe entre lui et ceux qui croient en lui et qui lui appartiennent. Il ne suffit pas seulement de croire en Lui de manière théorique. Nous devons accepter qu'il se charge de notre vie et nous dirige comme un berger qui veille sur ses brebis, en prend soin et les conduit.

Jésus est "Le bon berger" d'un troupeau composé d'hommes et de femmes qu'il s'est acquis au prix de son propre sang, afin qu'il lui appartienne, dont il va prendre soin (paître), sur lequel il veille constamment, qu'il protège, qu'il défend et qu'il conduit dans les choses les meilleures,

Souvenons nous de ses propres paroles :

Je suis le bon berger, je connais mes brebis ! Jean 10.14

*Il appelle **par leur nom** les brebis qui lui appartiennent..."Mes brebis entendent ma voix; je les connais, et elles me suivent.*

Je leur donne la vie éternelle; et elles ne périront jamais, et personne ne les ravira de ma main.

Mon Père, qui me les a données, est plus grand que tous; et personne ne peut les ravir de la main de mon Père." Jean 10/27/29

La connaissance que le Seigneur a de ses brebis est parfaite et personnelle : il nous connait par notre nom, et cette connaissance est réciproque. Il dit : *Je connais mes brebis, et elles me connaissent. Jean 10:14*

Il appelle par leur nom les brebis qui lui appartiennent, et il les conduit. Jean 10:3

Après nous avoir appelés et attirés à lui, il nous conduit dans une expérience de vie éternelle, abondante, paisible, heureuse : de bons pâturages, des sources d'eau pures et abondantes, ce qui signifie le bien-être de ceux qui sont entrés dans sa bergerie.

Les Écritures emploient souvent cette image du berger paissant ses brebis, pour illustrer la relation de Dieu avec Israël dans l'A.T et de Jésus avec son Église, dans le N.T

Il fit partir son peuple comme des brebis, Il les conduisit comme un troupeau dans le désert. Psaumes 78:52

Comme un berger, il paîtra son troupeau, Il prendra les agneaux dans ses bras, Et les portera dans son sein; Il conduira les brebis qui allaitent. Esaïe 40:11

Car ainsi parle le Seigneur, l'Éternel : Voici, j'aurai soin moi-même de mes brebis, et j'en ferai la revue. 30...je suis avec elles, et elles sont mon peuple, elles, la maison d'Israël, dit le Seigneur, l'Éternel. 31 Vous, mes brebis, brebis de mon pâturage, vous êtes des hommes; moi, je suis votre Dieu, dit le Seigneur, l'Éternel. Ézéchiel 34:11

Nations, écoutez la parole de l'Éternel, Et publiez-la dans les îles lointaines! Dites: Celui qui a dispersé Israël le rassemblera, Et il le gardera comme le berger garde son troupeau. Jérémie 31:10

Le Nouveau Testament présente Jésus comme *"le grand pasteur (berger) des brebis". Hébreux. 13.20*

Concernant la situation de ceux et celles qui ont cru à Christ, l'apôtre Pierre a écrit : *Car vous étiez comme des brebis errantes. Mais maintenant vous êtes retournés vers* **le pasteur et le gardien de vos âmes.** *1 Pierre 2:25*

Ici, il ne s'agit plus seulement d'Israël, mais de tous ceux qui dans toutes les nations sont devenus enfants de Dieu par la foi en Jésus-Christ, les rachetés issus de tous les peuples, toutes les races, de toutes les langues. Apocalypse 7.9

Dans cette relation de Berger avec des hommes et des femmes présentés comme des brebis, nous remarquons plusieurs phases :

a) Il s'agit de "brebis perdues"

Car vous étiez comme des brebis errantes. Des brebis qui n'avaient pas de berger. 1 Pierre 2:25; Marc 6.34

> *"Nous étions tous errants comme des brebis, Chacun suivait sa propre voie." - Esaïe 53:6*

Il s'agit là, nous l'avons compris, des pécheurs que nous étions, perdus par nos péchés, errants dans l'ignorance de la grâce de Dieu, sans véritable sauveur et guide :

> *"Vous étiez morts par vos offenses et par vos péchés, dans lesquels vous marchiez autrefois, selon le train de ce monde, selon le prince de la puissance de l'air, de l'esprit qui agit maintenant dans les fils de la rébellion. Nous tous aussi, nous étions de leur nombre, et nous vivions autrefois selon les convoitises de notre chair, accomplissant les volontés de la chair et de nos pensées, et nous étions par nature des enfants de colère, comme les autres..." Ephésiens 2:1*

b) Jésus est le Sauveur des brebis.

Il enseigne que le moyen de notre salut c'est l'offrande de sa vie :

> *Je suis le bon berger. Le bon berger donne sa vie pour ses brebis. Jean 10:7 Jésus leur dit encore: En vérité, en vérité, je vous le dis, je suis la porte des brebis. Jean 10:11*

Il se présente, comme le Sauveur qui accomplit l'œuvre du salut, qui ouvre la porte pour le pardon des péchés et la vie éternelle. Celui ou celle qui entre par cette porte est sauvé. C'est par la foi en Jésus-Christ que nous entrons dans le salut de Dieu. "

> *"Je suis la porte. Si quelqu'un entre par moi, il sera sauvé; il entrera et il sortira, et il trouvera des pâturages." Jean 10:9*

Dans le processus du salut de Dieu pour nous, il y a aussi la démarche du berger : il cherche, il appelle les brebis perdues

Nous comprenons par là, tous les moyens que le Seigneur met en œuvre pour attirer notre attention, nous faire comprendre son amour, nous attirer à lui en suscitant la foi dans notre cœur par l'annonce de l'Évangile sous différentes formes : prédication, témoignages, etc.

A chaque fois que quelqu'un entend le message de l'Évangile, il s'agit de la voix du berger appelant sa brebis.

> *"les brebis entendent sa voix; il appelle par leur nom les brebis qui lui appartiennent, et il les conduit dehors. Lorsqu'il a fait sortir toutes ses propres brebis, il marche devant elles; et les brebis le suivent, parce qu'elles connaissent sa voix." Jean 10.3*

> *Voici, je me tiens à la porte, et je frappe. Si quelqu'un entend ma voix et ouvre la porte, j'entrerai chez lui, je souperai avec lui, et lui avec moi. Apocalypse 3:20*

c) Les brebis suivent leur berger

Par cette image, nous découvrons le grand principe de la foi : une relation personnelle et particulière entre le Seigneur Jésus-Christ et ses rachetés.

> *Lorsqu'il a fait sortir toutes ses propres brebis, il marche devant elles; et les brebis le suivent, parce qu'elles connaissent sa voix. Jean 10:4*

Il y a une connaissance spirituelle personnelle qui s'établit entre Jésus le Sauveur-Berger et ses rachetés-brebis : *Je connais mes brebis, et elles me connaissent. Jean 10:14*

Il ne s'agit pas là d'une connaissance idéologique, religieuse, intellectuelle, mais d'un témoignage intérieur inspiré par le Saint-Esprit, qui établit un lien d'attachement entre le berger et sa brebis, entre Jésus et son racheté.

C'est une réalité spirituelle assez mystérieuse qui a son image dans la relation des bergers et de leurs troupeaux sur le plan naturel. Lorsque plusieurs bergers se rencontrent leurs troupeaux se mélangent et au moment de la séparation chaque berger appelle ses brebis et toutes se rassemblent alors derrière leur berger respectif et le suivent, car chacune de ces brebis connait la voix de son berger..

C'est cette image que Jésus prend pour expliquer la relation spirituelle et personnelle qui existe entre lui et chacun de ses rachetés.

> *Les brebis entendent sa voix; il appelle par leur nom les brebis qui lui appartiennent, et il les conduit dehors. Lorsqu'il a fait sortir toutes ses propres brebis, il marche devant elles; et les brebis le suivent, parce qu'elles connaissent sa voix. Jean 10:3,4*

Il faut souligner que chaque brebis a un nom particulier que lui donne son berger. Il en est de même dans notre relation spirituelle avec Jésus.

> *Que celui qui a des oreilles entende ce que l'Esprit dit aux Eglises : A celui qui vaincra je donnerai de la manne cachée, et je lui donnerai un caillou blanc ; et sur ce caillou est écrit un nom nouveau, que personne ne connaît, si ce n'est celui qui le reçoit. Apocalypse 2:17*

Lors de notre conversion à Christ, le Saint-Esprit crée en nous une sensibilité spirituelle qui nous rend capable de percevoir l'appel personnel que Christ nous adresse. C'est certainement incompréhensible sur le plan de l'analyse intellectuelle, mais c'est une réalité merveilleuse pour ceux qui la vivent.

Le rôle du berger

Ce n'est pas par hasard que Jésus a choisi l'image du berger et de ses brebis pour illustrer son rôle en faveur de ses rachetés. Il a voulu faire ressortir les préoccupations d'un véritable et bon berger :

. la recherche de la brebis perdue

. la volonté de la trouver et de la sauver au prix même de sa vie

. la préoccupation de son bien être, par les soins constants dont il l'entoure

. le souci de la sécurité permanente et éternelle de ses brebis

Déjà dans l'Ancien Testament, Dieu est présenté comme celui qui prend soin de son peuple Israël.

Après l'avoir formé et sauvé, Il le conduira par un chemin difficile vers un pays d'abondance et il veillera sur lui constamment, le défendant contre ses ennemis, l'instruisant, l'avertissant par ses prophètes et ses juges, les bergers qu'Il leur envoie, le châtiant avec justice, mais avec mesure, dans sa compassion et sa bonté, le ramenant quand il s'égare, le délivrant de la main de ses ennemis.

Il y a un texte merveilleux et très émouvant concernant la relation de Dieu avec Israël : Ezéchiel 34: 12-34

> *Comme un pasteur inspecte son troupeau quand il est au milieu de ses brebis éparses, ainsi je ferai la revue de mes brebis, et je les recueillerai de tous les lieux où elles ont été dispersées au jour des nuages et de l'obscurité.*
>
> *Je les retirerai d'entre les peuples, je les rassemblerai des diverses contrées, et je les ramènerai dans leur pays; je les ferai paître sur les montagnes d'Israël, le long des ruisseaux, et dans tous les lieux habités du pays.*
>
> *Je les ferai paître dans un bon pâturage, et leur demeure sera sur les*

montagnes élevées d'Israël; là elles reposeront dans un agréable asile, et elles auront de gras pâturages sur les montagnes d'Israël.

C'est moi qui ferai paître mes brebis, c'est moi qui les ferai reposer, dit le Seigneur, l'Eternel.

Nous retrouvons toutes ces caractéristiques dans la relation du Seigneur Jésus-Christ, le bon Berger, avec ceux qui lui appartiennent.

Il donne sa vie pour ses brebis, les sauvant de leurs péchés et du pouvoir du diable.

Il les rassemble pour former un peuple, un troupeau qui lui appartient, son Eglise, qu'il met à part, selon la signification de "sanctifier" . Il les conduit par le Saint-Esprit, en établissant différents ministères ou service : les évangélistes pour appeler les brebis, les pasteurs pour en prendre soin, les prophètes pour les exhorter, les docteurs-enseignants pour les instruire, les apôtres pour coordonner l'ensemble. C'est son troupeau sur lequel il veille constamment pour le protéger du lion qui cherche à dévorer ou pour le délivrer lorsque ceux qui le composent sont tombés entre les griffes du malin ou ont été entraînés par les ruses du diable, le serpent menteur.

Jésus est le Souverain Pasteur des brebis, le gardien de nos âmes vers lequel nous sommes venus...

"Je suis le bon berger. Le bon berger donne sa vie pour ses brebis ... Mes brebis entendent ma voix; je les connais, et elles me suivent. Je leur donne la vie éternelle; et elles ne périront jamais, et personne ne les ravira de ma main. Mon Père, qui me les a données, est plus grand que tous; et personne ne peut les ravir de la main de mon Père. Moi et le Père nous sommes un."
Jean 10:11

Nous pouvons aussi appliquer au Seigneur Jésus-Christ et à son Eglise les paroles que le prophète Ezéchiel prononçait de la part de Dieu pour Israël

Comme un pasteur inspecte son troupeau quand il est au milieu de ses brebis éparses, Il fait la revue de ses brebis, Il les recueille de tous les lieux où elles sont dispersées.

C'est LUI qui fait paître ses brebis, qui leur donne du repos, qui veille sur elles et en prend soin selon ce qui est encore écrit dans Ezéchiel :

> *C'est moi qui ferai paître mes brebis, c'est moi qui les ferai reposer, dit le Seigneur, l'Eternel.*
>
> *Je chercherai celle qui était perdue, je ramènerai celle qui était égarée, je panserai celle qui est blessée, et je fortifierai celle qui est malade. Mais je détruirai celles qui sont grasses et vigoureuses. Je veux les paître avec justice.*

Il dit lui-même :

> *Moi, je suis venu afin que les brebis aient la vie, et qu'elles soient dans l'abondance. Je suis le bon berger. Le bon berger donne sa vie pour ses brebis. Jean 10:10*
>
> *Je leur donne la vie éternelle; et elles ne périront jamais, et personne ne les ravira de ma main.*
>
> *Mon Père, qui me les a données, est plus grand que tous; et personne ne peut les ravir de la main de mon Père. Jean 10:28,29*

Nous avons un berger vigilant. Il est important que nous soyons convaincus de sa présence constante et de ses soins attentifs, afin de pouvoir affirmer avec foi, de tout notre cœur : "Le Seigneur est mon berger", comme le proclamait David avec confiance :

> *L'Éternel est mon berger: je ne manquerai de rien. Il me fait reposer dans de verts pâturages, Il me dirige près des eaux paisibles. Il restaure mon âme, Il me conduit dans les sentiers de la justice, A cause de son nom (lire tout le Psaume)*

10) Christ notre Maître

Lorsque nous évoquons les relations que ceux qui suivaient Jésus ici bas avaient avec lui, nous trouvons différents groupes de personnes dans lesquels nous pouvons nous reconnaître :

Ses douze apôtres, qu'il a choisis pour un ministère particulier, les éduquant, les formant, les instruisant, pendant trois ans et demi, leur confiant la mission de fonder l'église sur ses paroles, leur confiant ses enseignements et les revêtant de son Esprit *(Matthieu 10.1 – Marc 3.13/19 – Luc 6.12/16? 9.1).*

Un groupe de disciples proches, dans lequel des femmes qui se sont attachées à Jésus et qui l'assistent de leur bien. Luc 8.1/3

Les 70, envoyés pour une mission spéciale et temporaire. Luc 10.1

Des disciples qui le suivent, mais qui ne sont pas toujours avec lui. Luc 16.17

Enfin de grandes foules, avec leurs malades, leurs infirmes et des gens tourmentés par de mauvais esprits, qui viennent pour l'entendre, être guéris et qui font route avec lui durant un moment. *Luc 5.15...*

Il y a plusieurs niveaux de relations de ces groupes avec Jésus...

Premièrement, ceux qui vont devenir ses serviteurs, puis ses amis...Ils quittent tout pour le suivre, se consacrant entièrement à son service...Il va être leur Sauveur, leur Maître, leur Seigneur, leur ami

Ensuite des amis, qui le servent et le suivent dans ses déplacements.

Puis ceux qui seront simplement ses disciples, qui croient en lui et reçoivent sa parole. Ils sont aussi ses témoins et parfois ils le servent et le suivent un temps, dans ses déplacements.

Enfin, les foules dont la préoccupation est de venir pour être guéries, délivrées, nourries, et aussi parfois enseignées. Ceux pour qui Jésus est simplement le Sauveur, le prophète venu de Dieu, celui qui bénit.

Il est édifiant de considérer l'évolution et la forme des relations qui existait entre Jésus et ses disciples les plus proches.

Il est d'abord devenu leur Sauveur. Dans notre relation avec le Seigneur Jésus-Christ, il est important de commencer par l'essentiel : il est premièrement "notre sauveur".

Puis Il est devenu leur Maître.

C'est l'expression qui revient le plus souvent dans leurs conversations : *Maître... ne t'inquiètes-tu pas de ce que nous périssons ? Marc 4:38* –

> *"Jean lui dit: Maître, nous avons vu un homme qui chasse des démons en ton nom; et nous l'en avons empêché, parce qu'il ne nous suit pas." Marc 9:38*
>
> *"Simon lui répondit: Maître, nous avons travaillé toute la nuit sans rien prendre; mais, sur ta parole, je jetterai le filet." Luc 5:5*

Maître se dit "rabbi" dans la langue de Jésus, celui qui enseigne. C'est une appellation respectueuse, que les Juifs décernaient à leurs chefs spirituels. Mt 23.7; Jean 1.38

Donc la première relation que l'on trouve dans les Évangiles entre Jésus et ceux qui répondent à son appel, c'est celle de disciples et de maître.

> *Jésus se retourna, et voyant qu'ils le suivaient, il leur dit: Que cherchez-vous? Ils lui répondirent: Rabbi ce qui signifie Maître, où demeures-tu? Jean 1:38*

Un disciple c'est une personne qui reçoit, apprend, un enseignement, c'est l'élève d'un maître.

Jésus définit parfaitement ce qu'est un vrai disciple : *il dit aux Juifs qui avaient cru en lui: Si vous demeurez dans ma parole, vous êtes vraiment mes disciples. Jean 8:31*

Nous observons par les Evangiles que les disciples de Christ sont ceux et celles qui écoutent attentivement son enseignement, qui croient en Lui, qui le suivent et s'attachent à lui allant parfois jusqu'à tout quitter pour Lui.

> *Pierre se mit à lui dire; Voici, nous avons tout quitté, et nous t'avons suivi.* Marc 10:28

La volonté du Seigneur c'est que ceux qui croient en Lui deviennent ses disciples :

> *Jésus, s'étant approché, leur parla ainsi: Tout pouvoir m'a été donné dans le ciel et sur la terre.*
>
> *Allez, faites de toutes les nations des disciples, les baptisant au nom du Père, du Fils et du Saint-Esprit, et enseignez-leur à observer tout ce que je vous ai prescrit. Et voici, je suis avec vous tous les jours, jusqu'à la fin du monde. Matthieu 28.18*

Au commencement, ceux qui s'attachaient à Christ étaient appelés "ses disciples". Le mot revêtait alors toutes sa signification d'attachement, et d'obéissance au Maitre.

Plus tard, les païens, les appelèrent "chrétiens" par moquerie "les onctueux" lot qui découle de "christ = oint".

Ce mot est resté comme une identification et malheureusement il est devenu synonyme de religieux : désignant pêle-mêle, tous ceux qui appartiennent à la religion "chrétienne". C'est pourquoi nous utilisons ce mot "chrétien" avec réticence. Nous préférons celui de "disciples" beaucoup plus explicite dans la réalité de l'attachement au Seigneur Jésus-Christ et non a une religion.

Etre disciple de Christ c'est surtout porter un fruit qui le révèle dans notre vie. Il dit lui-même : *"Si vous portez beaucoup de fruit, c'est ainsi que mon Père sera glorifié, et que vous serez mes disciples." Jean 15.8*

Or il y a un fruit qui manifeste par excellence la nature de Christ en nous, c'est l'amour, comme il le dit encore : *"Je vous donne un commandement nouveau: Aimez-vous les uns les autres; comme je vous ai aimés, vous aussi, aimez-vous les uns les autres. A ceci tous connaîtront que vous êtes mes disciples, si vous avez de l'amour les uns pour les autres." Jean 13:35*

Maître et Seigneur

Le mot "maître" a aussi souvent le sens de "seigneur", celui à qui appartient un serviteur, autrefois "l"esclave dans la maison de son maître"

Dans certains passages, le mot disciple comporte la notion de serviteur : *Si quelqu'un me sert, qu'il me suive; et là où je suis, là aussi sera mon serviteur. Si quelqu'un me sert, le Père l'honorera. Jean 12:26*

Ici nous trouvons le sens du service, celui qui sert son Maître. Le terme "maître" devient alors "Seigneur".

Marie de Magdala, parlait de Jésus comme "son Seigneur"…

> *Ils lui dirent: Femme, pourquoi pleures-tu? Elle leur répondit: Parce qu'ils ont enlevé mon Seigneur, et je ne sais où ils l'ont mis. Jean 20:13*

L'apôtre Paul se présente comme "serviteur de Jésus-Christ" et parfois il donne à cette expression le sens d'esclave de Christ. *Romains 1:1 Paul, esclave de Jésus Christ. (Darby)*

Il l'appelle "Son Seigneur"

> *Et même je regarde toutes choses comme une perte, à cause de l'excellence de la connaissance de Jésus-Christ mon Seigneur, pour lequel j'ai renoncé à tout, et je les regarde comme de la boue, afin de gagner Christ, Philippiens 3:8*

Les apôtres Jacques *(Jacques 1:1)*, Pierre *(2 Pierre 1:1)*, Jude *(Jude 1:1)*, Jean *(Apoc.1.1)*, etc, se présentent également comme "les serviteurs du Seigneur Jésus-Christ".

Timothée *(1Th 3.2)*, Apollos *(1Co 3.5)*, Tychique *(Eph 6.21)*, Epaphras *(Col 1.)*, Tite, etc. sont appelés **serviteurs** de Jésus-Christ.

Jésus-Christ est devenu leur DIEU

Peut-être que cette pensée va heurter certains, cependant si nous ne tordons pas le sens des Ecritures et n'escamotons pas quelques passages, nous devons constater que ces hommes et ces femmes qui sont premièrement devenus des croyants, puis des disciples ont franchit une autre étape dans leur connaissance de Christ et leur relation avec Lui, le reconnaître comme leur Dieu.

Lorsque Thomas vit le Seigneur ressuscité, il se prosterna devant lui en lui disant *"Mon Seigneur et mon Dieu". Jean 20:28*

L'apôtre Jean au début de son évangile présente Christ qui dès le commencement des choses était Dieu !

> *Au commencement était la Parole, et la Parole était avec Dieu, et **la Parole était Dieu**. Jean 1:1*
>
> *Et la parole a été faite chair, et elle a habité parmi nous, pleine de grâce et de vérité; et nous avons contemplé sa gloire, une gloire comme la gloire du Fils unique venu du Père. Jean 1:14*

Et le Père lui même ordonne aux anges de l'adorer.

> *"Lorsqu'il introduit de nouveau dans le monde le premier-né, il dit: Que tous les anges de Dieu l'adorent !" Hébreux 1:6*

Comme Thomas nous nous prosternons devant lui en disant : Mon Seigneur et mon Dieu ! Comme les anges nous l'adorons. Avec le Père nous l'élevons sur le trône même de Dieu.

Enfin Jésus est un ami pour les siens

> *"Vous êtes mes amis, si vous faites ce que je vous commande. Je ne vous appelle plus serviteurs, parce que le serviteur ne sait pas ce que fait son maître; mais je vous ai appelés amis, parce que je vous ai fait connaître tout ce que j'ai appris de mon Père." Jean 15.14/15 :*

Je crois que c'est la chose la plus merveilleuse et ineffable que d'être dans une relation d'amitié avec le Seigneur Jésus-Christ.

> *Dieu parlait avec Moïse comme un homme parle avec son ami. Exode 33.11*

Etre ami avec quelqu'un, c'est vivre dans son intimité, en confident privilégié, comme l'indique le psalmiste : *C'est toi, que j'estimais mon égal, Toi, mon confident et mon ami! Psaumes 55:13.*

Abraham a été appelé ami de Dieu à cause de sa foi (une entière confiance). Jacques 2.23, et Dieu lui révélait ses desseins. *"Alors l'Eternel dit: Cacherai-je à Abraham ce que je vais faire?..." Genèse 18:17*

> *Le Seigneur, l'Éternel, ne fait rien Sans avoir révélé son secret à ses serviteurs les prophètes. Amos 3:7*
>
> *L'amitié de l'Éternel est pour ceux qui le craignent, Et son alliance leur donne instruction. Psaumes 25:12/14*

L'amitié génère l'échange, les confidences, un véritable partage des projets, des espoirs, des joies, des peines...

Vivre une relation d'ami avec Jésus, devrait être la recherche de tous ceux qui disent croire en LUI...

Cela ne peut être le résultat que d'un approfondissement de la connaissance de celui que nous appelons déjà : Sauveur, Maître, Seigneur, Dieu, le Seigneur Jésus-Christ.

La Bible définit le sentiment d'un véritable ami :

> *David avait achevé de parler à Saül. Et dès lors l'âme de Jonathan fut attachée à l'âme de David, et Jonathan l'aima comme son âme. 1 Samuel 18:1*

L'attachement profond de deux personnes qui vont sceller une alliance, que seule la mort viendra interrompre, sans en atténuer la force...

> *Je suis dans la douleur à cause de toi, Jonathan, mon frère! Tu faisais tout mon plaisir; Ton amour pour moi était admirable, Au-dessus de l'amour des femmes. 2 Samuel 1:26*

L'amitié avec le Seigneur Jésus-Christ est caractérisé par une attitude de respect et d'obéissance :

> *Vous êtes mes amis, si vous faites ce que je vous commande. Jean 15:14*

Cependant, nous savons que notre union avec notre merveilleux ami ne sera parfaite que lorsque nous serons avec lui dans sa gloire. 2 Corinthiens 5.6/8 –

> *Je suis pressé des deux côtés: j'ai le désir de m'en aller et d'être avec Christ, ce qui de beaucoup est le meilleur... Philippiens 1:23 - car Christ est ma vie, et la mort m'est un gain. Philippiens 1:21*

11) Christ le cep

Nous lisons souvent la parabole du cep de vigne et de ses sarments, dans l'Evangile de Jean au chapitre 15, mais sommes nous conscients de sa profondeur et de son importance ? En comprenons-nous toute la signification ou nous contentons nous de retenir que les disciples de Christ sont appelés à porter du fruit sans connaitre le processus indispensable à ce résultat ?

Nous risquons alors de nous épuiser dans des efforts vains en voulant produire par notre propre force ce qui est impossible à notre nature humaine et charnelle.

Par cette parabole le Seigneur Jésus-Christ a pris soin de nous enseigner lui-même le principe fondamental dont dépend la réalité de notre vie spirituelle.

Une simple phrase écrite bien plus tard par l'apôtre Paul résume notre situation si nous avons réellement cru en Christ : *Nous sommes devenus une même plante avec lui.*

La conversion et la foi en Jésus-Christ, lorsqu'elles sont réelles, produisent une véritable union ou communion avec le Seigneur. Pour l'illustrer, Jésus prend l'exemple du sarment de vigne partie intégrante du cep.

De son côté l'apôtre Paul explique notre situation en Christ comme une greffe.

> *Toi, tu es la branche naturelle d'un olivier sauvage que Dieu a coupée et greffée, contrairement à l'usage naturel, sur un olivier cultivé. Romains 11:24*

En réfléchissant aux paroles du Seigneur, nous réalisons qu'il ne s'agit pas seulement d'être sauvés ou bénis, mais de recevoir de Lui une vie qui va se manifester par du fruit, c'est à dire qui va produire en nous et par nous la nature de Christ.

Comme nous le remarquons dans ce chapitre, le Seigneur, à l'aide de l'image du cep de vigne et de ses sarments, décrit la nature de la relation personnelle qu'Il veut établir entre lui et chacun de ceux et de celles qui s'attachent à Lui. Cela dans un but très particulier : porter du fruit, c'est a dire vivre une vie qui glorifie Dieu son Père et

Lui-même. C'est d'ailleurs la marque des vrais disciples.

> *Si vous portez beaucoup de fruit, c'est ainsi que mon Père sera glorifié, et que vous serez mes disciples. Jean 15:8*

C'est l'objectif du Seigneur pour les siens :

> *Je vous ai établis, afin que vous alliez, et que vous portiez du fruit, et que votre fruit demeure. Jean 15.16*

Comme nous pouvons le remarquer, le chapitre 15 de Jean se trouve entre le 14 et le 16. Ce n'est pas une boutade ! Ce que je veux dire c'est que ces trois chapitres font partie d'un même discours de Jésus. Il y annonce la venue et la mission du Saint-Esprit en précisant une chose important :

> *Quand sera venu le consolateur, que je vous enverrai de la part du Père, l'Esprit de vérité, qui vient du Père, il rendra témoignage de moi; et vous aussi, vous rendrez témoignage, parce que vous êtes avec moi dès le commencement. Jean 15.26*

Etre ses témoins

Avant de les quitter, Jésus a dit à ses disciples : *Le Saint-Esprit descendra sur vous : vous recevrez sa puissance et vous serez mes témoins à Jérusalem, dans toute la Judée et la Samarie, et jusqu'au bout du monde. Actes 1.8*

Cette parole du Seigneur est valable pour tous ceux qui sont ses disciples, dans toutes les générations, jusqu'à son retour !

Concernant la nature de ce témoignage Jésus a dit :

> *Que votre lumière luise ainsi devant les hommes, afin qu'ils voient vos bonnes œuvres, et qu'ils glorifient votre Père qui est dans les cieux. Mathieu 5.14/16:*

Et l'apôtre Pierre précise :

> *Ayez au milieu des païens une bonne conduite, afin que, là même où ils vous calomnient comme si vous étiez des malfaiteurs, ils remarquent vos bonnes œuvres, et glorifient Dieu, au jour où il les visitera. 1 Pierre 2.11/12*

Le témoignage des disciples de Christ ne consiste donc pas en paroles ou discours seulement, même accompagnés de guérisons et de miracles.

Il s'agit en réalité d'une manière de vivre, démontrer dans notre façon de vivre la nature de Christ ! Voilà le fruit dont Jésus parle ! Il sera le résultat de notre communion avec le Seigneur lui-même, le Cep auquel nous demeurerons attachés. Jean 15.5

Le fruit de l'Esprit

Dans cette parabole, lorsque Jésus parle de porter du fruit, il ne parle pas du résultat de notre travail et de nos activités dans les églises ou en dehors, mais de sa nature que produit le Saint-Esprit dans la vie de ceux qui qui sont attachés à Lui.

C'est ce fruit que l'apôtre Paul décrit au chapitre 5 de l'épitre aux Galates : *Le fruit de l'Esprit, c'est l'amour, la joie, la paix, la patience, la bonté, la bénignité, la fidélité, la douceur, la tempérance.*

Jésus a aussi souligné la nature du fruit que nous sommes appelés à porter :

> *Comme le Père m'a aimé, je vous ai aussi aimés. Demeurez dans mon amour.*
>
> *Si vous gardez mes commandements, vous demeurerez dans mon amour, de même que j'ai gardé les commandements de mon Père, et que je demeure dans son amour.*
>
> *Je vous ai dit ces choses, afin que ma joie soit en vous, et que votre joie soit parfaite.*

> *C'est ici mon commandement: Aimez-vous les uns les autres, comme je vous ai aimés... Jean 9.14*
>
> *Ce que je vous commande, c'est de vous aimer les uns les autres. Jean 15:17*

Notre vie dépend de Christ

Nous entendons souvent ces paroles : Fais ceci ! Ne fais pas cela ! Comme si la qualité et la valeur de notre vie spirituelle dépendait de ce qui doit être fait ou de s'abstenir de ce qui est interdit. Nous mettons la charrue avant les bœufs.

La vie produit le fruit et non l'inverse. C'est pourquoi il est important que nous comprenions la nécessité d'être attachés, unis au Seigneur Jésus-Christ qui communique la vie féconde.

C'est tout l'enseignement de Jésus :

> *Je suis le cep, vous êtes les sarments. Celui qui demeure en moi et en qui je demeure porte beaucoup de fruit, car sans moi vous ne pouvez rien faire. Jean 15:5*

Dans son enseignement Il nous explique quelles sont les conditions à remplir pour atteindre l'objectif qu'il nous fixe : porter du fruit et glorifier Dieu.

Il nous apprend que la qualité et l'efficacité de notre vie d'enfant de Dieu, ainsi que l'exaucement de nos prières, dépendent de la qualité de cette relation.

Le sarment est par nature attaché, uni, au cep dont il fait partie. Jésus utilise cette image pour préciser la nature de notre relation avec lui : **une véritable union.**

Si nous ne sommes pas unis à Christ nous ne pouvons pas porter de fruit. Jean 15.5

Le sarment fait partie intégrante du cep, il naît de lui et se développe en lui. Il est de la même nature.

Lorsque nous devenons enfants de Dieu, nous devenons une même plante avec le Seigneur Jésus-Christ…Nous sommes greffés en lui, c'est une œuvre spirituelle. C'est ce que nous comprenons du passage de l'épître aux Romains 6. 4/5 (version Parole vivante d'A.Kuen)

> *Par le baptême, nous avons donc été ensevelis avec lui afin de partager sa mort. Tout ce que nous étions autrefois est à présent mort et enterré. Et pourquoi cela? Vous savez que le Christ a été ressuscité d'entre les morts par la puissance glorieuse du Père: nous aussi, nous avons reçu une nouvelle vie et nous sommes appelés à mener notre existence sur un plan nouveau.*
>
> *Car nous sommes devenus un seul et même être avec lui.* ***Nous lui avons été incorporés comme le greffon à son porte- greffe.*** *Si donc nous avons été implantés en sa mort pour mourir avec lui, nous le serons aussi en sa résurrection pour revivre comme lui.*

Comme le sarment est naturellement uni au cep dont il fait partie, nous sommes spirituellement unis à Christ, afin de vivre de lui, de sa vie. C'est l'œuvre de Dieu en réponse à notre foi en Christ :

> *A tous ceux qui l'ont reçue, à ceux qui croient en son nom, elle(la Parole) a donné le pouvoir de devenir enfants de Dieu, lesquels sont nés, non du sang, ni de la volonté de la chair, ni de la volonté de l'homme, mais de Dieu. Jean 1. 12/13*

L'union du sarment au cep est naturelle, elle ne dépend pas du sarment. Mais en ce qui nous concerne, notre communion avec Christ dépend en partie de nous. Nous avons à nous attacher à lui et à demeurer en lui, selon sa parole : *"Demeurez en communion avec moi, je resterai uni à vous et j'agirai en vous"*

Il y a donc au départ une décision de notre part en réponse à l'appel de Christ. Nous devons **vouloir** porter du fruit. C'est la première condition.

Certains se contentent d'être sauvées, leur objectif se limite au salut de leur âme et c'est déjà une bonne chose, mais l'évangile ne nous propose pas seulement une assurance tous risques pour la vie éternelle.

L'objectif du Père, pour ceux qui ont cru en son Fils, c'est qu'ils portent beaucoup de fruit et qu'ils en portent toujours plus ! Jean 15.1,8

C'est la volonté de Dieu pour ses enfants, la pensée de Jésus pour ses rachetés et le désir de l'Esprit. La situation normale d'un vrai disciple.

> *Si vous portez beaucoup de fruit, c'est ainsi que mon Père sera glorifié, et que vous serez mes disciples. Jean 15.8*

Des conditions indispensables

Depuis le commencement du monde et le jour où le premier homme et la première femme ont été placés par Dieu dans le jardin d'Eden, il y a toujours eu des conditions nécessaires pour que l'être humain et son Créateur vivent en harmonie et collaborent à l'œuvre divine.

De la même façon que des lois doivent être respectées pour que la vie naturelle se développe sur la terre, celle des être humains, celle des animaux et celle des végétaux, il y a aussi des lois spirituelles qui régissent le royaume de Dieu.

Jésus a utilisé l'image du cep pour souligner des principes importants concernant la réalité de notre union avec Lui et de notre utilité dans le royaume de Dieu. Ce sont : l'appartenance à Christ, la dépendance de Christ, la présence de Christ, l'attachement à Christ.

a) l'appartenance

Comme le sarment appartient au cep, les rachetés de Christ lui appartiennent.

> *Ne savez-vous pas que votre corps est le temple du Saint-Esprit qui est en vous, que vous avez reçu de Dieu, et que vous ne vous appartenez point à vous-mêmes?*
>
> *Car vous avez été rachetés à un grand prix. Glorifiez donc Dieu dans votre corps et dans votre esprit, qui appartiennent à Dieu. 1 Corinthiens 6.19*

> *Car l'amour de Christ nous presse, parce que nous estimons que, si un seul est mort pour tous, tous donc sont morts; et qu'il est mort pour tous, afin que ceux qui vivent ne vivent plus pour eux-mêmes, mais pour celui qui est mort et ressuscité pour eux. 2 Corinthiens 5.14*

Ce n'est pas systématique. Cela demande notre accord, une décision personnelle :

> *En effet, si nous sommes devenus une même plante avec lui par la conformité à sa mort, nous le serons aussi par la conformité à sa résurrection, sachant que notre vieil homme a été crucifié avec lui, afin que le corps du péché fût détruit, pour que nous ne soyons plus esclaves du péché; car celui qui est mort est libre du péché.*
>
> *Or, si nous sommes morts avec Christ, nous croyons que nous vivrons aussi avec lui, sachant que Christ ressuscité des morts ne meurt plus; la mort n'a plus de pouvoir sur lui.*
>
> *Car il est mort, et c'est pour le péché qu'il est mort une fois pour toutes; il est revenu à la vie, et c'est pour Dieu qu'il vit.*
>
> *Ainsi vous-mêmes, regardez-vous comme morts au péché, et comme vivants pour Dieu en Jésus-Christ.*
>
> *Que le péché ne règne donc point dans votre corps mortel, et n'obéissez pas à ses convoitises.*
>
> *Ne livrez pas vos membres au péché, comme des instruments d'iniquité; mais donnez-vous vous-mêmes à Dieu, comme étant vivants de morts que vous étiez, et offrez à Dieu vos membres, comme des instruments de justice. Romains 6.4/14*

b) la dépendance.

Nos seuls efforts ne sont pas suffisants, nous devons compter sur Jésus, nous appuyer sur lui, nous confier en lui, rechercher la force en lui, car la notre n'est que faiblesse. Sans lui nous ne pouvons rien faire. Il nous le dit lui-même :

> *Je suis le cep, vous êtes les sarments. Celui qui demeure en moi et en qui je demeure porte beaucoup de fruit, car sans moi vous ne pouvez rien faire. Jean 15:5*

Nous le comprenons bien, si nous ne demeurons pas dans sa communion la vie qui vient de Lui ne nous est plus communiquée et nous ne pouvons porter un vrai fruit. Nos œuvres personnelles ne seront qu'une imitation grossière de la réalité.

c) sa présence. Jean 15.4

> *L'apôtre Paul affirme : Ce n'est plus moi qui vis, c'est Christ qui vit en moi. Galates 2.20*
>
> *Et si Christ est en nous, le corps, il est vrai, est mort à cause du péché, mais l'esprit est vie à cause de la justice. Romains 8:10*

Par son Esprit, Christ vient demeurer en moi, dans mes pensées, mes sentiments, mon vouloir... Romains 8.9/10 – Ephésiens 3.14/17

Par sa Parole habitant abondamment en moi, Jésus éclaire et inspire ma vie– Colossiens 3.16 – Hébreux 4.12

d) l'attachement.

Jésus parle d'un attachement indispensable et il précise la nature de cet attachement: notre amour pour Lui.

> *Si quelqu'un m'aime, il gardera ma parole, et mon Père l'aimera; nous viendrons à lui, et nous ferons notre demeure chez lui. Jean 14:23*

> *Aimer Jésus crée le lien intime et personnel qui nous attache fortement à Lui, "Comme le sarment est attaché au cep". Il s'agit d'un amour réciproque. Il dit "si quelqu'un m'aime...mon Père l'aimera...nous viendront habiter chez lui." Jean 14.23*

Il y a dans l'amour deux éléments qui dépendent l'un de l'autre :

1) un lien affectif réciproque : Il nous aime, nous l'aimons

2) un choix personnel : nous voulons

L'attachement au Seigneur est à la fois le fait de nos sentiments d'amour pour lui et de notre volonté de l'aimer.

Nous pouvons traduire l'attachement par "la fidélité". Cela donne une dimension d'exclusivité et de durée dans le temps, la persévérance : demeurer attachés au Seigneur chaque jour que nous vivons.

Unis à Christ

Nous pouvons définir les quatre éléments ci dessus : l'appartenance, la dépendance, sa présence et l'attachement, par un seul mot : **la communion**, être uni à Christ, un avec lui.

Il dit de sa situation avec son Père : *Moi et le Père nous sommes un.*

Cela signifie qu'ils sont unis par une même pensée, un même sentiment, une même volonté, un même but, les mêmes projets...

C'est la même situation que nous sommes appelés à vivre avec Christ.

> *... afin que tous soient un, comme toi, Père, tu es en moi, et comme je suis en toi, afin qu'eux aussi soient un en nous, pour que le monde croie que tu m'as envoyé. Jean 17:21*

Nous devons savoir que tout le fruit d'une vie de disciple de Christ, ne peut être que le résultat de notre communion personnelle avec le Seigneur lui-même.

Si nous nous détachons de Christ, le cep, nous nous mettons en dehors de sa communion. Nous devenons un sarment coupé, séparé du cep, qui se dessèche et que l'on brûle.

L'union constante avec Christ, le cep de vigne, est essentielle pour porter du fruit, produire la nature de **Celui** à qui nous sommes attachés et unis.

Le Père interviendra alors pour émonder, couper, tout ce qui va nuire au développement de ce fruit.

Les sarments émondés.

Il s'agit des disciples de Jésus qui portent déjà du fruit, parce qu'ils demeurent en Lui, mais qui doivent progresser et pour cela Dieu intervient pour corriger certaines choses dans leurs vies..

> *Tout sarment qui porte du fruit, il l'émonde, afin qu'il porte encore plus de fruit.*

Jésus nous présente Dieu son Père comme le vigneron propriétaire de la vigne. Celui qui veille sur sa vigne et qui en prend soin. Dans sa préoccupation Il va intervenir et tailler, émonder, les sarments afin qu'il portent encore plus de fruit.

Dieu le Père est vigilant dans l'éducation de ses enfants et parfois il doit les corriger, redresser ce qui ne va pas.

Quelle est notre relation avec Dieu ? Avons-nous peur de Lui, comme d'un juge impitoyable ? Nous sentons nous loin de Lui, comme d'un parent éloigné et mal connu ? Ou serait-il pour nous comme un bon vieux grand-papa très indulgent et passant sur tous nos caprices ?

Nous ne sommes pas suffisamment conscients que la relation des rachetés de Christ avec Dieu est premièrement une relation filiale :

> *Voyez quel amour le Père nous a témoigné, pour que nous soyons appelés enfants de Dieu! Et nous le sommes. Si le monde ne nous connaît pas, c'est*

qu'il ne l'a pas connu. Bien-aimés, nous sommes maintenant enfants de Dieu. 1 Jean 3.1/2

Dieu est notre Père ! Un père digne de ce nom éduque ses enfants afin qu'ils grandissent dans les meilleures conditions. Pour cela il devra les instruire, les conseiller, les reprendre aussi et parfois les corriger. Il y a des choses qu'ils devront acquérir, d'autres dont ils devront se séparer.

Nous considérons souvent le fait d'être émondés comme le résultat d'épreuves, de souffrances, de réprimandes. Nous devons plutôt parler d'éducation. Dans le langage spirituel de Jésus "émonder" veut dire "éduquer" dans toute la signification de ce qu'est une bonne éducation.

C'est ce que Dieu notre Père céleste fait avec nous.

> *N'oublions pas l'exhortation qui nous est adressée comme à des fils: Mon fils, ne méprise pas le châtiment du Seigneur, Et ne perds pas courage lorsqu'il te reprend;*
>
> *Car le Seigneur châtie celui qu'il aime, Et il frappe de la verge tous ceux qu'il reconnaît pour ses fils.*
>
> *Supportez le châtiment: c'est comme des fils que Dieu vous traite; car quel est le fils qu'un père ne châtie pas?*
>
> *Mais si vous êtes exempts du châtiment auquel tous ont part, vous êtes donc des enfants illégitimes, et non des fils.*
>
> *D'ailleurs, puisque nos pères selon la chair nous ont châtiés, et que nous les avons respectés, ne devons-nous pas à bien plus forte raison nous soumettre au Père des esprits, pour avoir la vie?*
>
> *Nos pères nous châtiaient pour peu de jours, comme ils le trouvaient bon; mais Dieu nous châtie pour notre bien, afin que nous participions à sa sainteté.*
>
> *Il est vrai que tout châtiment semble d'abord un sujet de tristesse, et non de joie; mais il produit plus tard pour ceux qui ont été ainsi exercés un fruit paisible de justice.*

> *Fortifiez donc vos mains languissantes Et vos genoux affaiblis; et suivez avec vos pieds des voies droites, afin que ce qui est boiteux ne dévie pas, mais plutôt se raffermisse. Hébreux 12.5 à 13.*

Ces paroles nous apprennent que si nous sommes enfants de Dieu, Il s'occupe de nous comme un Père veille sur ses enfants, sans dureté, ni brutalité, mais avec bonté et bienveillance.

La méthode divine

Dieu utilise différents moyens pour nous amener à porter le fruit qui le glorifiera.

1) les Ecritures,

> *La Parole inspirée de Dieu qui enseigne, convainc, corrige, instruit dans la justice afin que nous soyons accomplis et propre à toute bonne œuvre. 2 Timothée 3.16*

Elle agit comme une lame qui coupe ce qui doit être ôté en nous. Dieu s'en sert comme la serpe du vigneron qui taille les sarments.

Si nous laissons docilement cette Parole divine nous instruire et si nous obéissons lorsqu'elle nous demande de nous séparer de certaines choses, l'émondage se fera en douceur.

2) le Saint-Esprit,

Il est l'agent divin opérant en nous l'œuvre de Dieu.

Il sanctifie, il instruit, il convainc, il dirige, il console, il inspire, il révèle, il aide, il soutient, il assiste, il fortifie...

En règle générale, le Saint-Esprit et les Écritures agissent ensemble, les Écritures étant l'instrument du Saint-Esprit, son épée. Éphésiens 6.17. Hébreux 4.12

Le Saint-Esprit œuvre au niveau de notre conscience et nous convainc de ce qui doit disparaître de nos vies. Là aussi, si nous sommes dociles, nous soumettant à sa volonté et ses désirs, tout ira bien.

3) la souffrance

Lorsque nous sommes trop réticents, sans intelligence, le Père émonde par l'épreuve, la souffrance.

> *Je t'instruirai et te montrerai la voie que tu dois suivre; Je te conseillerai, j'aurai le regard sur toi.*
>
> *Ne soyez pas comme un cheval ou un mulet sans intelligence; On les bride avec un frein et un mors, dont on les pare, Afin qu'ils ne s'approchent point de toi. Psaume 32.9 et Job 33.14/33*
>
> *Dieu parle cependant, tantôt d'une manière, Tantôt d'une autre, et l'on n'y prend point garde.*
>
> *Il parle par des songes, par des visions nocturnes, Quand les hommes sont livrés à un profond sommeil, Quand ils sont endormis sur leur couche.*
>
> *Alors il leur donne des avertissements Et met le sceau à ses instructions,*
>
> *Afin de détourner l'homme du mal Et de le préserver de l'orgueil,*
>
> *Afin de garantir son âme de la fosse Et sa vie des coups du glaive.*
>
> *Par la douleur aussi l'homme est repris sur sa couche, Quand une lutte continue vient agiter ses os.*
>
> *Alors il prend en dégoût le pain, Même les aliments les plus exquis;*
>
> *Sa chair se consume et disparaît, Ses os qu'on ne voyait pas sont mis à nu;*
>
> *Son âme s'approche de la fosse, Et sa vie des messagers de la mort.*
>
> *Mais s'il se trouve pour lui un ange intercesseur, Un d'entre les mille Qui annoncent à l'homme la voie qu'il doit suivre,*
>
> *Dieu a compassion de lui et dit à l'ange: Délivre-le, afin qu'il ne descende pas dans la fosse; J'ai trouvé une rançon!*

Notre Père céleste agit toujours avec bonté, même dans sa sévérité il ne se départit jamais de son amour compatissant envers nous. Ses interventions n'ont jamais pour but de nous détruire, de nous écraser, mais de relever, de corriger, de construire, d'édifier, de perfectionner.

Entre ses mains

Notre part dans ce processus de l'émondage est de livrer notre volonté à Dieu, d'accepter qu'il fasse en nous son œuvre de purification et de sanctification (séparation) par les moyens qu'il juge bon d'utiliser.

Comme des enfants de Dieu conscients de la nécessité d'être formés, éduqués par notre Père céleste, nous nous livrons à lui comme un argile docile entre les mains du potier, nous aspirons et lui demandons de nous rendre semblables à ce qu'il veut pour nous.

Le problème le plus important réside dans notre résistance, le recul de notre volonté insidieusement séduite et retenue par notre nature charnelle.

Il faut accepter que certaines choses meurent en nous, afin que la vie de l'Esprit vive et grandisse, selon l'objectif divin : porter un fruit qui demeure et progresse, à la gloire du Père.

Notre nature humaine n'aime pas ce qui abaisse. Cependant c'est à cela que Dieu nous appelle maintenant, afin de pouvoir nous élever plus tard.

> *Jésus s'est humilié lui-même, se rendant obéissant jusqu'à la mort, même jusqu'à la mort de la croix. Philippiens 2.3 à 8*

L'apôtre Paul écrivait aux disciples de Galatie :

> *Mes enfants, pour qui j'éprouve de nouveau les douleurs de l'enfantement, jusqu'à ce que Christ soit formé en vous, Galates 4:19*

Donc l'essentiel c'est que la nature de Christ paraisse de plus en plus dans nos vies, afin que le Père soit glorifié.

Des sarments retranchés

Nous ne pouvons pas terminer ce paragraphe sans parler de l'avertissement important du Seigneur :

> *Si quelqu'un ne demeure pas en moi, il est jeté dehors, comme le sarment, et il sèche; puis on ramasse les sarments, on les jette au feu, et ils brûlent.*

D'autres textes reprennent cet avertissement.

> *Matthieu 3:10 Déjà la cognée est mise à la racine des arbres: tout arbre donc qui ne produit pas de bons fruits sera coupé et jeté au feu.*
>
> *Matthieu 3:12 Il a son van à la main; il nettoiera son aire, et il amassera son blé dans le grenier, mais il brûlera la paille dans un feu qui ne s'éteint point.*
>
> *Hébreux 6.7 Lorsqu'une terre est abreuvée par la pluie qui tombe souvent sur elle, et qu'elle produit une herbe utile à ceux pour qui elle est cultivée, elle participe à la bénédiction de Dieu; mais, si elle produit des épines et des chardons, elle est réprouvée et près d'être maudite, et on finit par y mettre le feu.*

Cette sentence de Dieu peut paraitre sévère, mais nous savons que de sa part rien n'est injuste et nous devons considérer les deux :sa bonté et sa sévérité :

> *Considère donc la bonté et la sévérité de Dieu: sévérité envers ceux qui sont tombés, et bonté de Dieu envers toi, si tu demeures ferme dans cette bonté; autrement, tu seras aussi retranché. Romains 11:22*

Nous devons garder à l'esprit que Dieu dans tous les temps intervient par des jugements lorsque les situations deviennent intolérables. Il patiente longtemps, mais nous savons aussi que nous ne devons pas lasser sa patience.

Jésus nous met donc en garde afin que nous soyons vigilants sur la qualité de notre communion avec Lui.

Un fruit qui demeure

Il y a dans l'enseignement de Jésus la pensée de persévérance : *"... afin que votre fruit demeura" Jean 15:16*

A plusieurs reprises dans dans cette parabole et aussi dans d'autres circonstances, le Seigneur insiste sur le fait de demeurer, de garder, de persévérer.

Dans une autre parabole Il montre la différence entre deux sortes d'auditeurs : ceux qui reçoivent avec joie mais qui se lassent vite et ceux qui retiennent, qui gardent et portent du fruit.

> *Ceux qui sont sur le roc, ce sont ceux qui, lorsqu'ils entendent la parole, la reçoivent avec joie; mais ils n'ont point de racine, ils croient pour un temps, et ils succombent au moment de la tentation.*
>
> *Ce qui est tombé parmi les épines, ce sont ceux qui, ayant entendu la parole, s'en vont, et la laissent étouffer par les soucis, les richesses et les plaisirs de la vie, et ils ne portent point de fruit qui vienne à maturité.*
>
> *Ce qui est tombé dans la bonne terre, ce sont ceux qui, ayant entendu la parole avec un cœur honnête et bon, la retiennent, et portent du fruit avec persévérance. Luc 8.13*

Dans d'autres passages il est question d'un arbre planté dans une terre arrosée :

> *Heureux l'homme...qui trouve son plaisir dans la loi de l'Éternel, Et qui la médite jour et nuit ! Il est comme un arbre planté près d'un courant d'eau, Qui donne son fruit en sa saison, Et dont le feuillage ne se flétrit point: Tout ce qu'il fait lui réussit. Il est comme **un arbre planté près d'un courant d'eau, Qui donne son fruit en sa saison**, Et dont le feuillage ne se flétrit point: Tout ce qu'il fait lui réussit. Psaumes 1: 1/3*

*Béni soit l'homme qui se confie dans l'Eternel, Et dont l'Eternel est l'espérance! Il est comme **un arbre planté près des eaux**, Et qui étend ses racines vers le courant; Il n'aperçoit point la chaleur quand elle vient, Et son feuillage reste vert; Dans l'année de la sécheresse, il n'a point de crainte, **Et il ne cesse de porter du fruit.** Jérémie 17:7/8*

Ces textes parlent :

- d'enracinement, c'est à dire de stabilité.

- d'un courant d'eau, d'une eau vivante qui donne la vie

- d'un fruit qui vient en son temps et devient constant.

Ils rejoignent l'enseignement de Jésus

***Demeurez en moi**, et je demeurerai en vous. Comme le sarment ne peut de lui-même porter du fruit, s'il ne **demeure attaché au cep**, ainsi vous ne le pouvez non plus, si vous ne **demeurez en moi**. Jean 15:4*

*Je suis le cep, vous êtes les sarments. **Celui qui demeure en moi et en qui je demeure** porte beaucoup de fruit, car sans moi vous ne pouvez rien faire. Jean 15:5*

Nous retrouvons dans ces différents textes le même principe : *Rester d'un cœur ferme attaché au Seigneur Jésus, afin de porter le fruit qui demeure et qui glorifie notre Père céleste.*

Conclusion

Une vision de Jean relatée dans le livre de l'Apocalypse révèle le principe de la vie dans le royaume de Dieu :

Au milieu de la place de la ville et sur les deux bords du fleuve, il y avait un arbre de vie, produisant douze fois des fruits, rendant son fruit chaque mois, et dont les feuilles servaient à la guérison des nations.

Ce texte nous amène à une autre vision qu'a eu le prophète Ezéchiel :

> *Il me conduisit par le chemin de la porte septentrionale, et il me fit faire le tour par dehors jusqu'à l'extérieur de la porte orientale. Et voici, l'eau coulait du côté droit.*
>
> *Lorsque l'homme s'avança vers l'orient, il avait dans la main un cordeau, et il mesura mille coudées; il me fit traverser l'eau, et j'avais de l'eau jusqu'aux chevilles.*
>
> *Il mesura encore mille coudées, et me fit traverser l'eau, et j'avais de l'eau jusqu'aux genoux. Il mesura encore mille coudées, et me fit traverser, et j'avais de l'eau jusqu'aux reins.*
>
> *Il mesura encore mille coudées; c'était un torrent que je ne pouvais traverser, car l'eau était si profonde qu'il fallait y nager; c'était un torrent qu'on ne pouvait traverser.*
>
> *Il me dit: As-tu vu, fils de l'homme? Et il me ramena au bord du torrent.*
>
> *Quand il m'eut ramené, voici, il y avait sur le bord du torrent beaucoup d'arbres de chaque côté.*
>
> *Il me dit: Cette eau coulera vers le district oriental, descendra dans la plaine, et entrera dans la mer; lorsqu'elle se sera jetée dans la mer, les eaux de la mer deviendront saines.*
>
> *Tout être vivant qui se meut vivra partout où le torrent coulera, et il y aura une grande quantité de poissons; car là où cette eau arrivera, les eaux deviendront saines, et tout vivra partout où parviendra le torrent.*
>
> *Des pêcheurs se tiendront sur ses bords; depuis En-Guédi jusqu'à En-Eglaïm, on étendra les filets; il y aura des poissons de diverses espèces, comme les poissons de la grande mer, et ils seront très nombreux.*
>
> *Ses marais et ses fosses ne seront point assainis, ils seront abandonnés au sel.*
>
> *Sur le torrent, sur ses bords de chaque côté, croîtront toutes sortes d'arbres fruitiers. Leur feuillage ne se flétrira point, et leurs fruits n'auront point de fin, ils mûriront tous les mois, parce que les eaux sortiront du*

sanctuaire. Leurs fruits serviront de nourriture, et leurs feuilles de remède.
Ezéchiel 47.2

Nous comprenons que ce torrent est une image de l'Esprit de Dieu qui coule come un fleuve de vie, produisant un fruit utile l'édification et à la guérison.

C'est pourquoi nous devons avoir soif d'être abreuvés constamment par le Seigneur afin que l'eau de la vie nous remplisse et que nous portions un fruit utile à la gloire de Dieu et de Christ et pour le bien de ceux qui nous entourent.

Le dernier jour, le grand jour de la fête, Jésus, se tenant debout, s'écria: Si quelqu'un a soif, qu'il vienne à moi, et qu'il boive.

Celui qui croit en moi, des fleuves d'eau vive couleront de son sein, comme dit l'Ecriture. Jean 7.37

12) Christ présent en nous

Au chapitre 14 de son évangile, l'apôtre Jean rapporte un enseignement fondamental du Seigneur Jésus-Christ concernant notre relation avec Dieu le Père et avec lui-même le Fils de Dieu, après que le Saint-Esprit eut été donné.

> *"En ce jour là, vous connaîtrez que je suis en mon Père, que vous êtes en moi, et que je suis en vous " Jean 14. 30*

Lorsque je parle ici de relation, je veux dire une intimité spirituelle, une communion intérieure, et non seulement une communication venant de l'extérieure.

Dans ce chapitre, Jésus insiste sur la différence d'une présence "avec" et d'une présence "en".

"Avec" :

> *Jésus lui dit: Il y a si longtemps que je suis avec vous, et tu ne m'as pas connu, Philippe! Jean 14:9*
>
> *Et moi, je prierai le Père, et il vous donnera un autre consolateur, afin qu'il demeure éternellement avec vous. Jean 14:16*

"En" :

> *l'Esprit de vérité...vous le connaissez, car il demeure avec vous, et il sera en vous. Jean 14:17*

Par cette parole, Jésus annonce l'événement qui va se .produire quelques jours après son ascension : Le Saint-Esprit venant non seulement sur les disciples, mais venant "**en**" eux, les remplissant :

> *Et ils furent tous remplis du Saint–Esprit, et se mirent à parler en d'autres langues, selon que l'Esprit leur donnait de s'exprimer. Actes 2:4*

Ces 120, et beaucoup d'autres après eux, ont connu la présence manifestée de l'Esprit de Dieu EN eux. Ils en ont été remplis et ce fut une évidence qui les a introduit dans une dimension nouvelle de la connaissance et de la relation avec le Seigneur Jésus qui les avait instruits à ce sujet :

> *En ce jour-là, vous connaîtrez que je suis en mon Père, que vous êtes en moi, et **"que je suis en vous"**. Jean 14:20*

Vous connaîtrez

Le Seigneur enseigne que c'est par la présence manifestée du Saint-Esprit en nous que nous connaissons la réalité de son union avec le Père et de sa présence en nous.

> *Et moi, je prierai le Père, et il vous donnera un autre consolateur, afin qu'il demeure éternellement avec vous, l'Esprit de vérité, que le monde ne peut recevoir, parce qu'il ne le voit point et ne le connaît point ; mais vous, vous le connaissez, car il demeure avec vous, et il sera en vous ...*
>
> *En ce jour-là, vous connaîtrez que je suis en mon Père, que vous êtes en moi, et que je suis en vous. Jean 14:16-20*

C'est aussi ce qu'écrit l'apôtre Jean : *Nous connaissons qu'il demeure en nous par l'Esprit qu'il nous a donné. 1 Jean 3:24*

> *Nous connaissons que nous demeurons en lui, et qu'il demeure en nous, en ce qu'il nous a donné de son Esprit. 1 Jean 4:13*

Le Seigneur est présent en nous, par son Esprit.

L'apôtre Paul écrit : *Ne savez-vous pas que vous êtes le temple de Dieu, et que l'Esprit de Dieu habite en vous ? 1 Corinthiens 3:16*

Il s'agit d'une présence spirituelle mais néanmoins réelle, rendue évidente par un témoignage intérieur et une manifestation visible ou audible, du Saint-Esprit.

Lorsque nous parlons de la présence du Seigneur en nous, il faut nous rappeler cette autre parole de Christ : *C'est l'esprit qui vivifie; la chair ne sert de rien. Les paroles que je vous ai dites sont esprit et vie. Jean 6:63*

Par cette dernière parole du Seigneur nous comprenons que sa présence en nous est spirituelle parce qu'Il n'est plus là avec son corps, sa chair, mais en esprit.

En "nous"

Nous sommes des êtres complexes formés de matière et d'esprit, à la fois esprit, âme et corps.

Souvent nous commettons l'erreur de donner de l'importance à l'un plutôt qu'à l'autre, en fonction de ce que nous pouvons ressentir.

Nous ne définissons pas bien la frontière entre l'esprit, l'âme et le corps. Où commence l'âme et où finit l'esprit, l'âme à son tour n'est-elle pas intimement liée au corps.

Cependant l'Esprit de Dieu le sait. Il sonde les profondeurs de notre être et le pénètre allant jusqu'à la séparation de ce qui est psychique "l'âme" et ce qui est spirituel : "l'esprit".

> *Car la parole de Dieu est vivante et efficace, plus tranchante qu'une épée quelconque à deux tranchants, pénétrante jusqu'à partager âme et esprit, jointures et moelles; elle juge les sentiments et les pensées du cœur.*
>
> *Nulle créature n'est cachée devant lui, mais tout est à nu et à découvert aux yeux de celui à qui nous devons rendre compte. Hébreux 4.12/13*
>
> *L'Esprit de Dieu sonde tout, même les profondeurs de Dieu. 1 Corinthiens 2.10*

Notre esprit est le domaine de la pensée, de la réflexion, de l'intelligence (l'entendement), la conscience de ce qui est spirituel.

Notre âme est le domaine des sentiments, des désirs, des affections, des émotions… « le psychisme ». Elle est le trait d'union entre l'esprit et le corps.

Notre corps est le domaine des sens, de tout ce qui est visible, audible, physiquement sensible.

Certaines personnes sont dominées par les sens, les désirs excessifs du corps.

D'autres sont conduites par leurs sentiments ou leurs émotions, l'âme prend le dessus.

Pour les autres enfin, l'intelligence, la raison, ont la priorité, ce qui ne veut pas dire qu'elles sont spirituelles dans le sens où Dieu l'entend.

Notre volonté détermine nos choix en fonction de ces trois éléments : la raison, les sentiments (le cœur) et les sens.

Notre esprit, notre âme et notre corps forment donc un tout, Ils fonctionnent ensemble et nous ne pouvons dissocier l'un de l'autre. Nous pourrions donner la priorité tantôt à l'un, tantôt à l'autre, d'où parfois nos problèmes lorsque notre choix n'est pas le bon. Il faut donc nous efforcer de vivre avec l'équilibre de la sagesse d'en haut.

La conscience de la présence de Dieu en nous

Afin de vivre convenablement et réellement la présence du Seigneur en nous, nous devons en être conscients. Mais comment pouvons la percevoir, le savoir de manière évidente ?

Quatre éléments qui nous la confirment :

. la Parole de Christ.

. le témoignage intérieur du Saint-Esprit

. le fruit de l'esprit que nous portons

. la manifestation du Saint-Esprit

1) La Parole de Christ.

Jésus le dit et c'est là qu'intervient la foi : *Que votre cœur ne se trouble pas, croyez en Dieu et croyez en moi. Jean 14.1*

Christ nous demande de le croire. Lorsqu'il dit que lui et son Père viendront faire leur demeure en nous, nous pouvons le croire, sa Parole est la vérité.

Le chapitre 11 de l'épître aux Hébreux définit la nature de la foi et Paul écrit aux disciples de Rome qu'elle vient de ce qu'on entend de la Parole de Christ.

Ainsi la foi vient de ce qu'on entend, et ce qu'on entend vient de la parole de Christ. Romains 10:17

La foi pour le pardon de nos péchés, la guérison de nos maladies, l'accomplissement de toutes les paroles et promesses de Dieu, nos certitudes quand à notre avenir éternel, ne doit pas dépendre de nos raisonnements, sentiments, émotions, sensations physiques, mais elle est fondée sur la Parole écrite de Dieu, la Bible

Il en va de même pour la certitude de la présence de Dieu en nous, le Seigneur Jésus à dit : *Si quelqu'un m'aime, il gardera ma parole, et mon Père l'aimera; nous viendrons à lui, et nous ferons notre demeure chez lui. Jean 14:23*

La Parole du Seigneur est incontestable. Elle est le fondement de notre foi. Lorsque Jésus affirme qu'il sera en nous, que son Père et lui feront leur demeure en nous, nous pouvons en être certains, c'est la vérité.

2) Le témoignage intérieur du Saint-Esprit.

L'apôtre Jean a écrit à ce sujet des paroles très importantes : *Nous connaissons que Dieu demeure en nous par l'Esprit qu'il nous a donné. 1 Jean 3:24 et 1 Jean 4:13*

L'apôtre Paul enseigne aussi la réalité du témoignage du Saint-Esprit à notre esprit : *L'Esprit lui-même rend témoignage à notre esprit que nous sommes enfants de Dieu. Romains 8:16*

L'Esprit de Dieu témoigne à notre esprit de sa présence, de son approbation ou de sa désapprobation, en agissant dans notre être intérieur : conscience, pensées, sentiments, émotions.

Ce "témoignage intérieur" est une manifestation de sa relation personnelle avec nous. Cependant la perception du témoignage du Saint-Esprit l'Esprit en nous, dépend en grande partie de l'attention que nous lui portons et de notre sensibilité spirituelle.

Jésus reprochait à certains de ses auditeurs d'avoir le cœur endurci, fermé, c'est à dire insensible : *Car le cœur de ce peuple est devenu insensible; Ils ont endurci leurs oreilles, et ils ont fermé leurs yeux... Matthieu 13:15*

Bien des choses peuvent nous empêcher d'entendre la voix de l'Esprit de Dieu. D'abord nos propres pensées, puis les soucis de la vie, l'amour du monde, le manque de temps, pris que nous sommes par de nombreuses activités, ou tout simplement le manque de foi, nous ne croyons pas que c'est Lui qui parle.

Le prophète Esaïe disait : *Il éveille, chaque matin, il éveille mon oreille, Pour que j'écoute comme écoutent des disciples. Le Seigneur, l'Éternel, m'a ouvert l'oreille, et je n'ai point résisté, je ne me suis point retiré en arrière. Esaïe 50.4/5*

Soyons attentifs, apprenons écouter et à discerner la voix de l'Esprit de Christ en nous.

3) Le fruit que l'Esprit produit en nous

Nous savons que Dieu demeure en nous, lorsque notre mentalité, nos sentiments, notre façon de parler et de nous comporter, changent !

De la même manière que Jésus change l'eau en vin, il transforme notre vie par sa présence en nous.

Dieu agit comme un potier qui modèle un vase, par son Esprit qui vit en nous il imprime sa nature dans nos vies.

En fait, le fruit de l'Esprit, c'est la nature même de Christ qui se développe en nous, c'est la preuve de Sa présence.

> *Dieu est amour; et celui qui demeure dans l'amour demeure en Dieu, et Dieu demeure en lui. 1 Jean 4:16*
>
> *Personne n'a jamais vu Dieu; si nous nous aimons les uns les autres, Dieu demeure en nous, et son amour est parfait en nous. 1 Jean 4:12*
>
> *Mais le fruit de l'Esprit, c'est l'amour, la joie, la paix, la patience, la bonté, la bénignité, la fidélité, la douceur, la tempérance; Galates 5:22*

Le Saint-Esprit est l'agent unique qui nous rend conscients de la présence de Dieu en nous et qui produit efficacement le fruit de cette présence divine.

4) La manifestation du Saint-Esprit

Je vous rappelle ce que j'écris dans un autre article : *C'est par le Saint-Esprit que le Père et le Fils habitent en nous. Le Saint-Esprit est le communicateur des choses qui appartiennent au Père et au Fils.*

Les dons spirituels par lesquels le Saint-Esprit se manifeste, sont autant de signes évidents de la présence de Dieu, dans les assemblées des disciples de Christ et dans notre vie personnelle.

> *"Or, à chacun la manifestation de l'Esprit est donnée pour l'utilité commune.*
>
> *En effet, à l'un est donnée par l'Esprit une parole de sagesse; à un autre, une parole de connaissance, selon le même Esprit; à un autre, la foi, par le même Esprit; à un autre, le don des guérisons, par le même Esprit;*
>
> *à un autre, le don d'opérer des miracles; à un autre, la prophétie; à un autre, le discernement des esprits; à un autre, la diversité des langues; à un autre, l'interprétation des langues.*

Un seul et même Esprit opère toutes ces choses, les distribuant à chacun en particulier comme il veut." 1 Corinthiens 12.7/11

Un don de l'Esprit particulier témoigne avec évidence de sa présence, c'est lorsque nous parlons en d'autres langues :

Et ils furent tous remplis du Saint-Esprit, et se mirent à parler en d'autres langues, selon que l'Esprit leur donnait de s'exprimer. Actes 2:4

Ce n'est pas le plus important, mais c'est une manifestation que nous sommes invités à désirer et à pratiquer avec équilibre en particulier dans notre communion avec Dieu notre Père céleste et avec le Seigneur Jésus-Christ.

Souper avec Jésus

Voici, je me tiens à la porte, et je frappe. Si quelqu'un entend ma voix et ouvre la porte, j'entrerai chez lui, je souperai avec lui, et lui avec moi. Apocalypse 3:20

Lorsque lisons ces paroles dans leur contexte, nous remarquons que le Seigneur s'adresse à quelqu'un qui a perdu la réalité d'une réelle communion avec Lui. Il ne reste plus que des illusions :

Ecris à l'ange de l'Eglise de Laodicée: Voici ce que dit l'Amen, le témoin fidèle et véritable, le commencement de la création de Dieu:

Je connais tes œuvres. Je sais que tu n'es ni froid ni bouillant. Puisses-tu être froid ou bouillant!

Ainsi, parce que tu es tiède, et que tu n'es ni froid ni bouillant, je te vomirai de ma bouche.

Parce que tu dis: Je suis riche, je me suis enrichi, et je n'ai besoin de rien, et parce que tu ne sais pas que tu es malheureux, misérable, pauvre, aveugle et nu, je te conseille d'acheter de moi de l'or éprouvé par le feu, afin que tu deviennes riche, et des vêtements blancs, afin que tu sois vêtu et que la honte de ta nudité ne paraisse pas, et un collyre pour oindre tes yeux, afin que tu voies.

Moi, je reprends et je châtie tous ceux que j'aime. Aie donc du zèle, et repens-toi.

Voici, je me tiens à la porte, et je frappe. Si quelqu'un entend ma voix et ouvre la porte, j'entrerai chez lui, je souperai avec lui, et lui avec moi.

Celui qui vaincra, je le ferai asseoir avec moi sur mon trône, comme moi j'ai vaincu et me suis assis avec mon Père sur son trône.

Que celui qui a des oreilles entende ce que l'Esprit dit aux Eglises!
Apocalypse 3.14

Il est possible de se fourvoyer au sujet de notre situation spirituelle : *"tu dis: Je suis riche, je me suis enrichi, et je n'ai besoin de rien, et parce que tu ne sais pas que tu es malheureux, misérable, pauvre, aveugle et nu"*

Mais celui qui sait où nous en sommes réellement n'est pas dupe. Le Seigneur connait exactement l'état de notre vie spirituelle et dans son amour il fait la démarche de venir lui-même s'inviter à un repas de restauration.

La normalité c'est de vivre en communion permanente avec Jésus. Mais il arrive que nous perdions cette communion pour diverses raisons. Alors Jésus frappe à la porte de notre cœur, il nous adresse un appel à rétablir la relation intime avec Lui. C'est le sens de *"Je souperai avec lui"*.

Il s'agit d'un repas en tête à tête avec le Seigneur. Un repas au cours duquel nous nous partageons des paroles, écoutant et recevant les siennes, puis lui ouvrant notre âme, nous lui ferons connaître aussi avec nos propres mots, nos besoins, nos regrets de l'avoir négligé, nos attentes, notre confiance retrouvée dans sa présence.

Des frères et sœurs m'écrivent souvent pour me faire part de leur difficulté, comme cette personne qui me dit : *"Je suis une chrétienne brisée qui souhaite retrouver la flamme de l'amour pour Jésus, mais je n'y arrive pas."*

Elle termine son message en écrivant : Je n'ai personne avec qui partager !

N'est-ce pas l'exemple du drame que vivent beaucoup d'enfants de Dieu qui n'entendent que des discours légalistes et moralistes, *"des préceptes qui deviennent pernicieux par l'abus, et qui ne sont fondés que sur les ordonnances et les doctrines des hommes ?"* Colossiens 2:20-22

La réalité c'est demeurer uni avec le Seigneur Jésus-Christ, comme un membre de son corps. *"attaché au chef, dont tout le corps, assisté et solidement assemblé par des jointures et des liens, tire l'accroissement que Dieu donne."* Colossiens 2:19

Il existe un lien affectif qui unit à Jésus, comme l'écrit l'apôtre Pierre : ... *lui que vous aimez sans l'avoir vu, en qui vous croyez sans le voir encore...* 1 Pierre 1:8

La première expérience avec Jésus, c'est la découverte de son amour pour nous.

> *Connaître l'amour de Christ, qui surpasse toute connaissance, en sorte que vous soyez remplis jusqu'à toute la plénitude de Dieu. Ephésiens 3:19*

> *Nous avons connu l'amour, en ce qu'il a donné sa vie pour nous. 1 Jean 3:16*

Il nous faut venir ou revenir à la croix du Seigneur afin de considérer le poids des souffrances et de la mort qu'il a endurées pour nous. C'est cette révélation qui fera naître ou renaître dans notre cœur un véritable amour pour Lui. Lorsqu'Il apparaissait à ses disciples après sa résurrection, il leur montrait les marques de ses souffrances lors de l'offrande sa vie pour nous racheter.

> *Le soir de ce jour, qui était le premier de la semaine, les portes du lieu où se trouvaient les disciples étant fermées, à cause de la crainte qu'ils avaient des Juifs, Jésus vint, se présenta au milieu d'eux, et leur dit : La paix soit avec vous !*

> *Et quand il eut dit cela, il leur montra ses mains et son côté. Les disciples furent dans la joie en voyant le Seigneur. Jean 20:19,20*

C'est ainsi que l'apôtre Thomas touché par la révélation de son Maître se prosterne à ses pieds et l'adore.

Puis il dit à Thomas : Avance ici ton doigt, et regarde mes mains ; avance aussi ta main, et mets-la dans mon côté ; et ne sois pas incrédule, mais crois.

Thomas lui répondit: Mon Seigneur et mon Dieu ! Jean 20:27,28

Une nouvelle révélation de l'amour de Jésus restaure dans notre cœur une sainte émotion qui nous inspire un élan d'amour vers Lui et d'adoration. C'est l'ouverture d'un souper béni avec notre Sauveur et Seigneur, c'est alors que nos yeux s'ouvrent pour le connaître vraiment et l'aimer.

Pendant qu'il était à table avec eux, il prit le pain ; et, après avoir rendu grâces, il le rompit, et le leur donna.

Alors leurs yeux s'ouvrirent, et ils le reconnurent. Luc 24:30

Voici la glorieuse réalité de l'amour de Dieu manifesté en particulier à chacun et chacune de ceux et de celles qui croient en Christ, selon ce qu'Il a dit :

Car Dieu a tant aimé le monde qu'il a donné son Fils unique, afin que ***quiconque*** *croit en lui ne périsse point, mais qu'il ait la vie éternelle. Jean 3:16*

Nous comprenons dès lors l'importance de cette relation de communion que Jésus veut avoir avec nous en particulier, selon une parole qu'il adresse personnellement à chacun, à toi comme à moi :

Voici, je me tiens à la porte, et je frappe. Si quelqu'un entend ma voix et ouvre la porte, j'entrerai chez lui, je souperai avec lui, et lui avec moi. Apocalypse 3:2

Ouvrons la porte

Ce qui est merveilleux c'est la délicate insistance du Seigneur : *"Je me tiens à la porte et je frappe !"*

Le Seigneur veut nous faire comprendre que dans les moments où nous sommes spirituellement malheureux, misérables, pauvres, aveugles et nus (Apocalypse 3:17), Il s'approche de nous et nous invite à le laisser entrer à nouveau afin de nous restaurer par sa présence et sa parole, par un partage d'amour et de tendresse !

Le Seigneur se fait serviteur pour nous secourir et nous nourrir. Il met le comble à son amour pour nous.

> *Avant la fête de Pâque, Jésus, sachant que son heure était venue de passer de ce monde au Père, et ayant aimé les siens qui étaient dans le monde, mit le comble à son amour pour eux. Pendant le souper ... Jésus, qui savait que le Père avait remis toutes choses entre ses mains, qu'il était venu de Dieu, et qu'il s'en allait à Dieu,*
>
> *se leva de table, ôta ses vêtements, et prit un linge, dont il se ceignit.*
>
> *Ensuite il versa de l'eau dans un bassin, et il se mit à laver les pieds des disciples, et à les essuyer avec le linge dont il était ceint. Jean 13:1*

Je ne sais pas ce que vous inspire ce passage, mais en ce qu'i me concerne il m'inspire des sentiments de foi, d'amour et de reconnaissance envers mon Seigneur.

Alors répondant à son appel, nous lui disons : "Amen ! Viens Seigneur Jésus ! Entre et prend place dans ma vie, non pas comme un invité de passage, mais comme l'ami dont j'ai besoin chaque jour, avec lequel je veux partager mes joies et mes peines, mes actions de grâces et mes prières, mes projets et mes réussites, mes craintes et mes attentes."

Il arrive souvent que nous ayons un cantique qui vient à notre esprit sans savoir pourquoi. Alors laissons nous emporter dans ce chant qui est à la fois l'appel de Jésus frappant à notre porte et notre réponse à son invitation. C'est ainsi que nous passerons un moment de grâce rafraîchissant et que nous serons renouvelés dans notre union avec notre Sauveur.

> *Entretenez–vous par des psaumes, par des hymnes, et par des cantiques spirituels, chantant et célébrant de tout votre cœur les louanges du Seigneur. Ephésiens 5:19*

Laissons nous attirer par ces désirs subtils, fragiles, qui sont comme des soupirs intérieurs que produit l'Esprit de Dieu. C'est la voix du Saint Visiteur qui demande à entrer chez nous pour un souper intime.

Si quelqu'un entend ma voix et ouvre la porte, j'entrerai chez lui, je souperai avec lui, et lui avec moi. Apocalypse 3:20

13) Christ la plénitude

Pour résumer les articles précédents disons que toute plénitude habite en lui. L'apôtre Paul mettait les disciples en garde contre tout ce qui détournait de Christ :

> *Prenez garde que personne ne fasse de vous sa proie par la philosophie et par une vaine tromperie, s'appuyant sur la tradition des hommes, sur les rudiments du monde, et non sur Christ.*
>
> *Car en lui habite corporellement toute la plénitude de la divinité.*
>
> *Vous avez tout pleinement en lui, qui est le chef de toute domination et de toute autorité. Colossiens 2.8*

La foi est souvent détournée de la vérité qui est en Jésus, au profit de pratiques religieuses inutiles et des traditions vaines. Dieu disait déjà à Israël, par ses prophètes :

> *Car mon peuple a commis un double péché: Ils m'ont abandonné, moi qui suis une source d'eau vive, Pour se creuser des citernes, des citernes crevassées, Qui ne retiennent pas l'eau. Jérémie 2:13*

Bien souvent les gens vont chercher ailleurs et même très loin ce qui est tout près d'eux en Jésus-Christ qui est la seule source de vie et qui nous appelle à venir à Lui:

> *Le dernier jour, le grand jour de la fête, Jésus, se tenant debout, s'écria: Si quelqu'un a soif, qu'il vienne à moi, et qu'il boive.*
>
> *Celui qui croit en moi, des fleuves d'eau vive couleront de son sein, comme dit l'Ecriture.*
>
> *Il dit cela de l'Esprit que devaient recevoir ceux qui croiraient en lui. Jean 7: 37*

C'est lui que le Père a marqué de son sceau pour nous accorder la plénitude de la vie éternelle, selon ce qu'il dit de lui-même :

Travaillez, non pour la nourriture qui périt, mais pour celle qui subsiste pour la vie éternelle, et que le Fils de l'homme vous donnera; car c'est lui que le Père, que Dieu a marqué de son sceau. Jean 6:27

Un jour les apôtres confirmant leur attachement à leur Maître lui ont dit par la bouche de Pierre :

Seigneur, à qui irions-nous ? Tu as les paroles de la vie éternelle. Jean 6:68

Aux juifs qui cherchaient la justification dans la loi, Jésus a répondu :

Vous sondez les Ecritures, parce que vous pensez avoir en elles la vie éternelle: ce sont elles qui rendent témoignage de moi.

Et vous ne voulez pas venir à moi pour avoir la vie! Jean 5:39

Il est la porte unique par laquelle nous pouvons entrer dans le royaume de Dieu.

Jésus leur dit encore: En vérité, en vérité, je vous le dis, je suis la porte des brebis.

Tous ceux qui sont venus avant moi sont des voleurs et des brigands; mais les brebis ne les ont point écoutés.

Je suis la porte. Si quelqu'un entre par moi, il sera sauvé; il entrera et il sortira, et il trouvera des pâturages.

Le voleur ne vient que pour dérober, égorger et détruire; moi, je suis venu afin que les brebis aient la vie, et qu'elles soient dans l'abondance. Jean 7.10

La vie abondante, la plénitude de l'Esprit, est en Jésus, c'est lui qui baptise du Saint-Esprit, selon le témoignage de Jean-Baptiste :

Jean rendit ce témoignage: J'ai vu l'Esprit descendre du ciel comme une colombe et s'arrêter sur lui.

Je ne le connaissais pas, mais celui qui m'a envoyé baptiser d'eau, celui-là m'a dit: Celui sur qui tu verras l'Esprit descendre et s'arrêter, c'est celui qui baptise du Saint-Esprit.

Et j'ai vu, et j'ai rendu témoignage qu'il est le Fils de Dieu. Jean 1.32

Et voici, j'enverrai sur vous ce que mon Père a promis; mais vous, restez dans la ville jusqu'à ce que vous soyez revêtus de la puissance d'en haut. Luc 24:49

L'apôtre Pierre l'a aussi confirmé :

Elevé par la droite de Dieu, il a reçu du Père le Saint-Esprit qui avait été promis, et il l'a répandu, comme vous le voyez et l'entendez. Actes 2:33

Jésus a reçu la plénitude pour nous, afin de nous en combler.

Et nous avons tous reçu de sa plénitude, et grâce pour grâce; Jean 1:16

Nous avons tout pleinement en Lui qui dispose de toutes les richesses du royaume de Dieu en notre faveur. Lui a qui tout pouvoir a été donné dans le ciel et sur la terre. Lui qui dit : Et voici je suis avec vous tous les jours !

Je ne pense pas que nous en soyons toujours pleinement conscients, tellement nous courons à droite et à gauche pour chercher du secours, au lieu de venir à Lui, nous tenir auprès de lui, dans sa présence, pour recevoir de lui tout ce dont nous avons besoin.

Certes des hommes reçoivent des dons et des ministères afin de communiquer les grâces de Dieu. Mais n'oublions pas que le donateur c'est le Seigneur Jésus-Christ et que c'est en son Nom, de sa part et par lui que toutes les promesses de Dieu s'accomplissent.

Car le Fils de Dieu, Jésus-Christ, qui a été prêché par nous au milieu de vous, par moi, et par Silvain, et par Timothée, n'a pas été oui et non, mais c'est oui qui a été en lui; car, pour ce qui concerne toutes les promesses de Dieu, c'est en lui qu'est le oui; c'est pourquoi encore l'Amen par lui est prononcé par nous à la gloire de Dieu.

Souvent nous sommes déçus et frustrés par nos échecs, lorsque nous ne recevons pas ce que nous cherchons. Et pourtant ...

Nous avons un grand souverain sacrificateur qui a traversé les cieux, Jésus, le Fils de Dieu, demeurons fermes dans la foi que nous professons.

Car nous n'avons pas un souverain sacrificateur qui ne puisse compatir à nos faiblesses; au contraire, il a été tenté comme nous en toutes choses, sans commettre de péché.

Approchons-nous donc avec assurance du trône de la grâce, afin d'obtenir miséricorde et de trouver grâce, pour être secourus dans nos besoins.
Hébreux 4.14

Les apôtres Paul, Pierre, Jean et les autres serviteurs de Dieu, étaient des hommes dotés de réels ministères et des dons miraculeux du Saint-Esprit, mais ils exhortaient les personnes qui venaient vers eux à regarder à Christ seulement.

Pierre, voyant que les gens accouraient vers lui et Jean, leur dit : Hommes Israélites, pourquoi vous étonnez-vous de cela? Pourquoi avez-vous les regards fixés sur nous, comme si c'était par notre propre puissance ou par notre piété que nous eussions fait marcher cet homme?

Le Dieu d'Abraham, d'Isaac et de Jacob, le Dieu de nos pères, a glorifié son serviteur Jésus, que vous avez livré et renié devant Pilate, qui était d'avis qu'on le relâchât.

Vous avez renié le Saint et le Juste, et vous avez demandé qu'on vous accordât la grâce d'un meurtrier.

Vous avez fait mourir le Prince de la vie, que Dieu a ressuscité des morts; nous en sommes témoins.

C'est par la foi en son nom que son nom a raffermi celui que vous voyez et connaissez; c'est la foi en lui qui a donné à cet homme cette entière guérison, en présence de vous tous. Actes 3.12

Ceux qui exercent un ministère ou un don spirituel, ne sont que des instruments que Dieu utilise pour communiquer ses paroles, ses bénédictions, la guérison et la délivrance, selon que l'écrit l'apôtre Paul :

Quand l'un dit: Moi, je suis de Paul! et un autre: Moi, d'Apollos! n'êtes-vous pas des hommes?

Qu'est-ce donc qu'Apollos, et qu'est-ce que Paul? Des serviteurs, par le moyen desquels vous avez cru, selon que le Seigneur l'a donné à chacun.

J'ai planté, Apollos a arrosé, mais Dieu a fait croître, en sorte que ce n'est pas celui qui plante qui est quelque chose, ni celui qui arrose, mais Dieu qui fait croître.

Celui qui plante et celui qui arrose sont égaux, et chacun recevra sa propre récompense selon son propre travail.

Car nous sommes ouvriers avec Dieu. Vous êtes le champ de Dieu, l'édifice de Dieu.

Selon la grâce de Dieu qui m'a été donnée, j'ai posé le fondement comme un sage architecte, et un autre bâtit dessus. Mais que chacun prenne garde à la manière dont il bâtit dessus.

Car personne ne peut poser un autre fondement que celui qui a été posé, savoir Jésus-Christ. 1 Corinthiens 3.4

En devenant disciples d'un homme ou d'une dénomination religieuse, fut-elle "évangélique", nous devenons charnels !

Le seul nom dont nous devons nous réclamer c'est celui du Seigneur Jésus-Christ, unique fondement de notre foi et seule source de vie, de salut, de délivrance et de bénédictions divines.

Si nous mettons notre confiance dans les hommes, si éminents soient-ils par leur ministère ou leurs dons, nous sommes semblables à ces gens auxquels Dieu disait par son prophète :

*Les sacrificateurs n'ont pas dit: Où est l'Eternel? Les dépositaires de la loi ne m'ont pas connu, Les pasteurs m'ont été infidèles, Les prophètes ont prophétisé par Baal, Et sont allés après ceux qui ne sont d'aucun secours.
Jérémie 2:8*

Au dessus de tout et de tous, il y a Jésus-Christ.

. qui nous sauve parfaitement. Hébreux 7:25

. qui nous pardonne totalement. 1 Jean 1:7

. qui nous guérit entièrement. Actes 3.16

. qui nous délivre puissamment. Marc 5:1-15

. qui nous abreuve abondamment. Jean 7:37

. qui nous rassasie pleinement. Jean 6:35

. ôte parfaitement tous nos fardeaux. Matthieu 11:28

Un regard spirituel sur Christ !

Le passage qui suit explique très clairement la façon dont nous devons "voir" le Seigneur Jésus-Christ.

> *Que le Dieu de notre Seigneur Jésus-Christ, le Père de gloire, vous donne un esprit de sagesse et de révélation, dans sa connaissance,*
>
> *et **qu'il illumine les yeux de votre cœur**, pour que vous sachiez quelle est l'espérance qui s'attache à son appel, quelle est la richesse de la gloire de son héritage qu'il réserve aux saints,*

> et quelle est envers nous qui croyons l'infinie grandeur de sa puissance, se manifestant avec efficacité par la vertu de sa force.
>
> Il l'a déployée en Christ, en le ressuscitant des morts, et en le faisant asseoir à sa droite dans les lieux célestes,
>
> > au-dessus de toute domination, de toute autorité, de toute puissance, de toute dignité, et de tout nom qui se peut nommer, non seulement dans le siècle présent, mais encore dans le siècle à venir.
>
> Il a tout mis sous ses pieds, et il l'a donné pour chef suprême à l'Eglise, qui est son corps, la plénitude de celui qui remplit tout en tous. Ephésiens 1:17-23

Nous risquons de rester dans une connaissance historique de Jésus, peut-être une perception religieuse ou sentimentale. Si nous voulons être pleinement au bénéfice de toutes les choses qui sont en Lui pour nous, il faut nous laisser éclairer par le Saint-Esprit.

L'apôtre Paul a écrit : *si nous avons connu Christ selon la chair, maintenant nous ne le connaissons plus de cette manière.*

Connaitre Christ selon l'Esprit nous permettra de e placer au dessus de tout et de tous, dans notre propre cœur.

L'apôtre Paul s'écrie : "Christ est ma vie ! - Pour moi vivre c'est Christ !" Il ne se réfère à personne d'autre pour sa vie, uniquement à Christ. Ce dernier est le centre, l'environnement, le but suprême de ses désirs et de sa course sur la terre.

Au moment où son destin lui apparait tragiquement scellé, il dit à ceux qui pleurent sur lui :

> *Je ne fais pour moi-même aucun cas de ma vie, comme si elle m'était précieuse, pourvu que j'accomplisse ma course avec joie, et le ministère que j'ai reçu du Seigneur Jésus, d'annoncer la bonne nouvelle de la grâce de Dieu.* Actes 20:24

A ce moment là, ses paroles expriment toute sa confiance dans le Maître qu'il servait fidèlement et son profond désir de lui plaire : *"Pourvu que j'accomplisse ma course avec joie, et le ministère que j'ai reçu du Seigneur Jésus."*

Ceux qui ont tout placé en Jésus n'ont besoin de personne d'autre. Son Nom seul suffit, car Dieu leur donne toutes choses en Lui.

> *Lui, qui n'a point épargné son propre Fils, mais qui l'a livré pour nous tous, comment ne nous donnera-t-il pas aussi toutes choses avec lui? Romains 8:32*

> *Béni soit Dieu, le Père de notre Seigneur Jésus-Christ, qui nous a bénis de toutes sortes de bénédictions spirituelles dans les lieux célestes en Christ! Ephésiens 1:3-14*

L'apôtre Jean a écrit des paroles qui devraient être confirmées par tous ceux qui placent leur confiance en Jésus-Christ :

> *... nous avons contemplé sa gloire, une gloire comme la gloire du Fils unique venu du Père... Et nous avons tous reçu de sa plénitude, et grâce pour grâce;*

Nous pourrons alors dire de Jésus, ce que le psalmiste disait de Dieu :

> *Quel autre ai-je au ciel que toi! Et sur la terre je ne prends plaisir qu'en toi. Psaumes 73:25*

Croire en Jésus-Christ, l'aimer et s'attacher à Lui de tout notre cœur, l'écouter attentivement comme écoutent des disciples qui mettent en pratique ses instructions, le servir avec zèle et enfin attendre son retour avec une joyeuse espérance, voilà notre vie !

> *Béni soit Dieu, le Père de notre Seigneur Jésus-Christ, qui, selon sa grande miséricorde, nous a régénérés, pour une espérance vivante, par la résurrection de Jésus-Christ d'entre les morts, pour un héritage qui ne se peut ni corrompre, ni souiller, ni flétrir, lequel vous est réservé dans les cieux,*

5 à vous qui, par la puissance de Dieu, êtes gardés par la foi pour le salut prêt à être révélé dans les derniers temps!

C'est là ce qui fait votre joie, quoique maintenant, puisqu'il le faut, vous soyez attristés pour un peu de temps par diverses épreuves, afin que l'épreuve de votre foi, plus précieuse que l'or périssable qui cependant est éprouvé par le feu, ait pour résultat la louange, la gloire et l'honneur, lorsque Jésus-Christ apparaîtra, lui que vous aimez sans l'avoir vu, en qui vous croyez sans le voir encore, vous réjouissant d'une joie ineffable et glorieuse, parce que vous obtiendrez le salut de vos âmes pour prix de votre foi. 1 Pierre 1.3

14) Christ et son Église

Voici le dernier chapitre de cette étude sur la connaissance de Christ et je suis loin d'avoir écrit tout ce qui le concerne. Dans les chapitres précédents il a surtout été question de la relation personnelle que chacun expérimente avec Jésus Christ.

Cependant il y a une réalité que nous ne devons surtout pas négliger, dans le dessein de Dieu pour son Fils : Son Eglise

> *Il a tout mis sous ses pieds, et il l'a donné pour chef suprême à l'Eglise, qui est son corps, la plénitude de celui qui remplit tout en tous. Ephésiens 1.22*

Prenant l'exemple de la relation d'un mari avec son épouse, l'apôtre a écrit que l'union du Seigneur avec son Eglise est un grand mystère :

> *C'est pourquoi l'homme quittera son père et sa mère, et s'attachera à sa femme, et les deux deviendront une seule chair.*
>
> *Ce mystère est grand; je dis cela par rapport à Christ et à l'Eglise. Ephésiens 5.31*

Situation d'autant plus mystérieuse qu'il s'agit d'unir à Christ, en un seul corps, une multitude d'hommes et de femmes qui par leur foi en Lui ont été rachetés, purifiés, lavés de toutes souillures, afin de former une immense "assemblée".

> *Après cela, je regardai, et voici, il y avait une grande foule, que personne ne pouvait compter, de toute nation, de toute tribu, de tout peuple, et de toute langue. Ils se tenaient devant le trône et devant l'agneau, revêtus de robes blanches, et des palmes dans leurs mains.*
>
> *Et ils criaient d'une voix forte, en disant: Le salut est à notre Dieu qui est assis sur le trône, et à l'agneau. Apocalypse 7.9*

C'est la grande Assemblée, l'Ekklêsia, l'Église, l'épouse de l'Agneau, telle que l'apôtre Jean nous la présente en Apocalypse 21.

Et je vis descendre du ciel, d'auprès de Dieu, la ville sainte, la nouvelle Jérusalem, préparée comme une épouse qui s'est parée pour son époux.

Et j'entendis du trône une forte voix qui disait: Voici le tabernacle de Dieu avec les hommes! Il habitera avec eux, et ils seront son peuple, et Dieu lui-même sera avec eux. Il essuiera toute larme de leurs yeux, et la mort ne sera plus, et il n'y aura plus ni deuil, ni cri, ni douleur, car les premières choses ont disparu. 21:2-4

Puis un des sept anges qui tenaient les sept coupes remplies des sept derniers fléaux vint, et il m'adressa la parole, en disant: Viens, je te montrerai l'épouse, la femme de l'agneau.

Et il me transporta en esprit sur une grande et haute montagne. Et il me montra la ville sainte, Jérusalem, qui descendait du ciel d'auprès de Dieu, ayant la gloire de Dieu. Son éclat était semblable à celui d'une pierre très précieuse, d'une pierre de jaspe transparente comme du cristal. 21:9-11

Jean a vu l'Église telle qu'elle sera, lorsque Dieu l'aura revêtue de sa gloire.

Depuis sa création jusqu'au moment de son enlèvement, l'Église de Christ est en construction. Le Seigneur y ajoute chaque jour ceux qui sont sauvés. Actes 2.47

La première fois que l'Église est mentionnée dans le Nouveau Testament, c'est lorsque le Seigneur dit à Simon Pierre :

Et moi, je te dis que tu es Pierre, et que sur cette pierre je bâtirai mon Église, et que les portes du séjour des morts ne prévaudront point contre elle. Matthieu 16:18

Par cette déclaration, Jésus précise plusieurs choses :

- Il s'agit de **son** Église, c'est à dire l'assemblée de ceux et celles qu'il a rachetés par son sang, au prix de sa vie.

- C'est **Lui** qui la bâtit. Il choisit et y ajoute lui-même ceux et celles qui la composent.

- Rien ne pourra la détruire. C'est une construction inébranlable car Il en est le fondement.

Le terme "Église" est la traduction du mot grec "Ekklêsia", du verbe ek kaleô, "appeler hors de". Donc, la signification du mot "Église ou Ekklêsia" est "Assemblée appelée hors de", c'est à dire mise à part, dans son sens étymologique "sanctifiée", séparée.

Nous avons donc l'idée précise de ce qu'est l'Église du Seigneur Jésus-Christ : une assemblée de personnes qu'il appelle, qui croient en Lui, qu'il assemble et met à part, qu'il sanctifie.

L'Eglise corps de Christ

La première chose que nous remarquons dans la relation de Christ avec son Eglise, c'est qu'il la conçoit et la structure comme un corps dont il est la tête.

Le Christ est le chef, la tête de l'Eglise qui est son corps et dont il est le Sauveur. Ephésiens 5.23

L'apôtre Paul écrit : *Car, comme le corps est un et a plusieurs membres, et comme tous les membres du corps, malgré leur nombre, ne forment qu'un seul corps, ainsi en est-il de Christ. 1 Corinthiens 12:12-14*

Puis il ajoute :

Nous avons tous, en effet, été baptisés dans un seul Esprit, pour former un seul corps, soit Juifs, soit Grecs, soit esclaves, soit libres, et nous avons tous été abreuvés d'un seul Esprit.

Ainsi le corps n'est pas un seul membre, mais il est formé de plusieurs membres.

Vous êtes le corps de Christ, et vous êtes ses membres, chacun pour sa part. 12.27

Nous trouvons dans ces paroles la pensée d'une assemblée composée de nombreuses personnes différentes, mais qui sont toutes unies avec Christ et entre elles comme les membres du corps.

Il faut retenir que l'Eglise est formée de ceux et celles qui ont accepté la Parole de Christ, qui ont été purifiés de leurs péchés par le sang du Seigneur et qui s'attachent à Lui de tout leur cœur.

Remarquons aussi la différence avec le cep et les sarments. Ces derniers sont directement attachés au cep afin d'en recevoir la substance qui les fait vivre. Tandis que dans le corps il y a un assemblage différent dans lequel tous les membres dépendent de la tête, mais aussi des autres membres auxquels ils sont liés.

Le Seigneur utilise des images fortes pour nous faire comprendre les choses du royaume de Dieu.

Pour l'Église, Il donne l'exemple du corps humain, dans sa composition et son fonctionnement, une merveille de la création de Dieu. Psaume 139.14

Christ est la tête du corps de l'Église; Colossiens 1:18

La tête, est la partie du corps la plus importante. C'est dans la tête que se trouve le cerveau où sont concentrées toutes les informations, les pensées, les décisions, etc.

Il est l'ordinateur qui commande toutes les fonctions du corps. C'est là que se trouvent l'intelligence, la pensée, la réflexion, la volonté, la mémoire des choses.

Tous les organes et membres de notre corps sont sous le contrôle de notre cerveau.

C'est une image merveilleuse, de la façon dont fonctionne l'Eglise de Christ.

C'est de lui, et grâce à tous les liens de son assistance, que tout le corps, bien coordonné et formant un solide assemblage, tire son accroissement selon la force qui convient à chacune de ses parties, et s'édifie lui-même dans la charité. Éphésiens 4:16

Unis à Lui et ensemble:

Nous remarquons que souvent nous voulons vivre et agir indépendamment, chacun faisant ce qui lui semble bon.

L'apôtre Paul, inspiré par le Saint-Esprit, donne, en 1 Corinthiens 12.12, une description de la manière dont le corps de Christ doit fonctionner,

Car, comme le corps est un et a plusieurs membres, et comme tous les membres du corps, malgré leur nombre, ne forment qu'un seul corps, ainsi en est-il de Christ.

Nous avons tous, en effet, été baptisés dans un seul Esprit, pour former un seul corps, soit Juifs, soit Grecs, soit esclaves, soit libres, et nous avons tous été abreuvés d'un seul Esprit.

Ainsi le corps n'est pas un seul membre, mais il est formé de plusieurs membres.

Si le pied disait: Parce que je ne suis pas une main, je ne suis pas du corps, ne serait-il pas du corps pour cela?

Et si l'oreille disait: Parce que je ne suis pas un oeil, je ne suis pas du corps, ne serait-elle pas du corps pour cela ?

Si tout le corps était oeil, où serait l'ouïe? S'il était tout ouïe, où serait l'odorat?

Maintenant Dieu a placé chacun des membres dans le corps comme il a voulu.

Si tous étaient un seul membre, où serait le corps ?

Maintenant donc il y a plusieurs membres, et un seul corps.

L'œil ne peut pas dire à la main: Je n'ai pas besoin de toi; ni la tête dire

aux pieds: Je n'ai pas besoin de vous.

Mais bien plutôt, les membres du corps qui paraissent être les plus faibles sont nécessaires; et ceux que nous estimons être les moins honorables du corps, nous les entourons d'un plus grand honneur. Ainsi nos membres les moins honnêtes reçoivent le plus d'honneur, tandis que ceux qui sont honnêtes n'en ont pas besoin. Dieu a disposé le corps de manière à donner plus d'honneur à ce qui en manquait, afin qu'il n'y ait pas de division dans le corps, mais que les membres aient également soin les uns des autres.

Et si un membre souffre, tous les membres souffrent avec lui; si un membre est honoré, tous les membres se réjouissent avec lui.

Vous êtes le corps de Christ, et vous êtes ses membres, chacun pour sa part.

Cet enseignement est très clair concernant la situation de ceux qui sont enfants de Dieu : ils appartiennent tous à un même corps, dont les membres sont unis les uns aux autres, dépendant les uns des autres, et placés sous l'autorité de son Chef suprême : le Seigneur Jésus-Christ.

Nous comprenons bien que nous ne pouvons pas vivre spirituellement indépendamment du Seigneur Jésus-Christ, ni des autres membres de son corps, son Église. C'est une chimère et de l'orgueil que de vouloir se proclamer "chrétien indépendant".

Un enfant de Dieu indépendant cela n'existe pas dans la pensée du Seigneur, car Dieu a voulu que tous ceux qui appartiennent à son Fils soient dépendants de LUI et les uns des autres.

Dieu a placé chacun des membres dans le corps comme il a voulu. Si tous étaient un seul membre, où serait le corps?

Maintenant donc il y a plusieurs membres, et un seul corps.

L'oeil ne peut pas dire à la main: Je n'ai pas besoin de toi; ni la tête dire aux pieds: Je n'ai pas besoin de vous. Mais bien plutôt, les membres du corps qui paraissent être les plus faibles sont nécessaires. 1 Cor.12.18/22

Et si un membre souffre, tous les membres souffrent avec lui; si un membre est honoré, tous les membres se réjouissent avec lui. 1 Corinthiens 12:26

Nous ne sommes pas libres d'agir à notre guise concernant notre place dans le corps de Christ :

> *Maintenant Dieu a placé chacun des membres dans le corps comme il a voulu. 1 Corinthiens 12:18*
>
> *Et Dieu a établi dans l'Église premièrement des apôtres, secondement des prophètes, troisièmement des docteurs, ensuite ceux qui ont le don des miracles, puis ceux qui ont les dons de guérir, de secourir, de gouverner, de parler diverses langues. 1 Corinthiens 12.28*

La construction, la croissance, l'édification, de l'Église est l'œuvre de son chef, le Seigneur Jésus-Christ qui a établi pour cela des services et accordé des dons spirituels

> *Il a donné les uns comme apôtres, les autres comme prophètes, les autres comme évangélistes, les autres comme pasteurs et docteurs, pour le perfectionnement des saints en vue de l'œuvre du ministère et de l'édification du corps de Christ, jusqu'à ce que nous soyons tous parvenus à l'unité de la foi et de la connaissance du Fils de Dieu, à l'état d'homme fait, à la mesure de la stature parfaite de Christ, afin que nous ne soyons plus des enfants, flottants et emportés à tout vent de doctrine, par la tromperie des hommes, par leur ruse dans les moyens de séduction, mais que, professant la vérité dans la charité, nous croissions à tous égards en celui qui est le chef, Christ. Éphésiens 4.11/15*
>
> *Or, à chacun la manifestation de l'Esprit est donnée pour l'utilité commune.*
>
> *En effet, à l'un est donnée par l'Esprit une parole de sagesse; à un autre, une parole de connaissance, selon le même Esprit à un autre, la foi, par le même Esprit; à un autre, le don des guérisons, par le même Esprit; à un autre, le don d'opérer des miracles; à un autre, la prophétie; à un autre, le discernement des esprits; à un autre, la diversité des langues; à un autre, l'interprétation des langues.*
>
> *Un seul et même Esprit opère toutes ces choses, les distribuant à chacun en particulier comme il veut. 1 Corinthiens 12.7/11*

Considérons l'importance des dons que le Seigneur a donnés à l'Église pour une croissance harmonieuse et ne les négligeons pas, ne les remplaçons pas par nos propres produits.

Christ n'a pas laissé son Église à la merci de nos initiatives, de nos volontés et de nos méthodes. Lui même en prend soin et lui a donné pour cela un aide omniprésent, tout-puissant et actif : **son Esprit**. Jean 14

C'est par le Saint-Esprit que le Seigneur revêt, oint de force ceux qui exercent les ministères au sein de l'Église et c'est le Saint-Esprit qui distribue ses dons à chacun en particulier comme il veut.

Les ministères établis par le Seigneur et les dons que le Saint-Esprit accorde sont indispensables pour une croissance harmonieuse du corps de Christ.

Comment percevons- nous l'Eglise de Christ ?

Il est important de discerner la façon dont le Seigneur voit son Eglise, afin d'acquérir la même vision et les mêmes sentiments.

Il la voit actuellement en construction, depuis sa naissance lorsque Jésus appela ses premiers disciples et le moment où elle a été scellée du Saint-Esprit le jour de la Pentecôte à Jérusalem. Il est attentif à son édification et il connait parfaitement ses combats, ses déviations, ses abandons, ses souffrances, ses victoires.

Il voit aussi les dénominations religieuses diverses, les différents groupes, avec leur divergences et leur querelles. Il sait que parmi tout cela se trouvent mélangés l'ivraie et le bon grain, les vrais disciples ou les faux croyants.

Enfin il voit son Eglise au jour de sa gloire, comme il l'a montrée dans une vision à son serviteur Jean :

> *Puis un des sept anges qui tenaient les sept coupes remplies des sept derniers fléaux vint, et il m'adressa la parole, en disant: Viens, je te montrerai l'épouse, la femme de l'agneau.*
>
> *Et il me transporta en esprit sur une grande et haute montagne. Et il me montra la ville sainte, Jérusalem, qui descendait du ciel d'auprès de Dieu, ayant la gloire de Dieu. Son éclat était semblable à celui d'une pierre très précieuse, d'une pierre de jaspe transparente comme du cristal. 21:9-11*

Mais ce moment n'est pas encore arrivé et nous voyons avec tristesse toutes les imperfections qui marquent l'Eglise ou plutôt "les églises dans le monde". Nous sommes souvent découragés en découvrant les divisions, les mauvais sentiments, les enseignements erronés, les extravagances, l'agissement de certains responsables qui se comportent comme des chefs d'entreprises, des hommes d'affaires, des leaders, intéressés par l'argent, le succès, le pouvoir et la gloire humaine.

Alors nous ne reconnaissons pas dans les nombreuses dénominations "chrétiennes", dans les groupes plus ou moins autonomes souvent extravagants et agités, dans les immeubles imposants, dans les chapelles et les temples richement ornés, dans les locaux somptueux des riches organisations "missionnaires" ... Non ! nous ne reconnaissons pas l'Eglise de Jésus-Christ !

Cependant Elle est là sur la terre, comme diluée dans un ensemble confus, mais pourtant bien réelle. Des hommes et des femmes honnêtes, croyants sincères, sauvés par la grâce du Seigneur Jésus-Christ, se réunissent ça et là, souvent dans des lieux modestes et servent humblement leur Maitre qui a laissé un merveilleux exemple.

Dites à la fille de Sion: Voici, ton roi vient à toi, Plein de douceur, et monté sur un âne, Sur un ânon, le petit d'une ânesse. Matthieu 21:5

Avant la fête de Pâque, Jésus, sachant que son heure était venue de passer de ce monde au Père, et ayant aimé les siens qui étaient dans le monde, mit le comble à son amour pour eux.

Pendant le souper, lorsque le diable avait déjà inspiré au coeur de Judas Iscariot, fils de Simon, le dessein de le livrer,

Jésus, qui savait que le Père avait remis toutes choses entre ses mains, qu'il était venu de Dieu, et qu'il s'en allait à Dieu, se leva de table, ôta ses vêtements, et prit un linge, dont il se ceignit.

Ensuite il versa de l'eau dans un bassin, et il se mit à laver les pieds des disciples, et à les essuyer avec le linge dont il était ceint. Jean 13.1

Après qu'il leur eut lavé les pieds, et qu'il eut pris ses vêtements, il se remit à table, et leur dit: Comprenez-vous ce que je vous ai fait?

Vous m'appelez Maître et Seigneur; et vous dites bien, car je le suis.

Si donc je vous ai lavé les pieds, moi, le Seigneur et le Maître, vous devez aussi vous laver les pieds les uns aux autres; car je vous ai donné un exemple, afin que vous fassiez comme je vous ai fait.

En vérité, en vérité, je vous le dis, le serviteur n'est pas plus grand que son seigneur, ni l'apôtre plus grand que celui qui l'a envoyé.

Si vous savez ces choses, vous êtes heureux, pourvu que vous les pratiquiez. Jean 13.12

L'Eglise attend son Seigneur

Le jour vient où toutes les "églises" et les "organisations chrétiennes" disparaitront pour faire place à une seule grande assemblée d'hommes et de femmes ressuscités, transformés à l'image de leur Seigneur lors de son glorieux avènement.

Car le Seigneur lui-même, à un signal donné, à la voix d'un archange, et au son de la trompette de Dieu, descendra du ciel, et les morts en Christ ressusciteront premièrement.

Ensuite, nous les vivants, qui serons restés, nous serons tous ensemble enlevés avec eux sur des nuées, à la rencontre du Seigneur dans les airs, et ainsi nous serons toujours avec le Seigneur. 1 Thessaloniciens 4.16

Nous attendons celui que nous aimons sans l'avoir vu, en qui nous croyons sans le voir encore, nous réjouissant d'une joie ineffable et glorieuse, parce que nous obtiendrons le salut de nos âmes pour prix de notre foi. 1 Pierre 3.8

Alors se produira ce qui a été annoncé par le prophète Daniel :

Je regardai pendant mes visions nocturnes, et voici, sur les nuées des cieux arriva quelqu'un de semblable à un fils de l'homme; il s'avança vers l'ancien des jours, et on le fit approcher de lui.

On lui donna la domination, la gloire et le règne; et tous les peuples, les nations, et les hommes de toutes langues le servirent. Sa domination est une domination éternelle qui ne passera point, et son règne ne sera jamais détruit.

Jésus lui-même l'a annoncé :

> *Alors on verra le Fils de l'homme venant sur les nuées avec une grande puissance et avec gloire.*
>
> *Alors il enverra les anges, et il rassemblera les élus des quatre vents, de l'extrémité de la terre jusqu'à l'extrémité du ciel. Marc 13.26*

Puis selon la vison de Jean l'ancien, décrite dans le livre de l'Apocalypse, les choses nouvelles promises par le Seigneur s'accompliront :

> *Puis je vis un nouveau ciel et une nouvelle terre; car le premier ciel et la première terre avaient disparu, et la mer n'était plus.*
>
> *Et je vis descendre du ciel, d'auprès de Dieu, la ville sainte, la nouvelle Jérusalem, préparée comme une épouse qui s'est parée pour son époux.*
>
> *Et j'entendis du trône une forte voix qui disait: Voici le tabernacle de Dieu avec les hommes! Il habitera avec eux, et ils seront son peuple, et Dieu lui-même sera avec eux.*
>
> *Il essuiera toute larme de leurs yeux, et la mort ne sera plus, et il n'y aura plus ni deuil, ni cri, ni douleur, car les premières choses ont disparu.*
>
> *Et celui qui était assis sur le trône dit: Voici, je fais toutes choses nouvelles. Et il dit: Ecris; car ces paroles sont certaines et véritables.*

Pour conclure lisons les paroles du Seigneur de l'Eglise : Apocalypse 22.16...

> *Moi, Jésus, j'ai envoyé mon ange pour vous attester ces choses dans les Eglises. Je suis le rejeton et la postérité de David, l'étoile brillante du matin.*
>
> *Et l'Esprit et l'épouse disent: Viens. Et que celui qui entend dise: Viens. Et que celui qui a soif vienne; que celui qui veut, prenne de l'eau de la vie, gratuitement.*
>
> *Celui qui atteste ces choses dit: Oui, je viens bientôt.*

Amen! Viens, Seigneur Jésus!

Que la grâce du Seigneur Jésus soit avec tous!

Oui, je veux morebooks!

i want morebooks!

Buy your books fast and straightforward online - at one of the world's fastest growing online book stores! Environmentally sound due to Print-on-Demand technologies.

Buy your books online at
www.get-morebooks.com

Achetez vos livres en ligne, vite et bien, sur l'une des librairies en ligne les plus performantes au monde!
En protégeant nos ressources et notre environnement grâce à l'impression à la demande.

La librairie en ligne pour acheter plus vite
www.morebooks.fr

OmniScriptum Marketing DEU GmbH
Heinrich-Böcking-Str. 6-8
D - 66121 Saarbrücken
Telefax: +49 681 93 81 567-9

info@omniscriptum.de
www.omniscriptum.de

www.ingramcontent.com/pod-product-compliance
Lightning Source LLC
Chambersburg PA
CBHW031712230426
43668CB00006B/185